Jardinería
para todos

Alicia V. Carreras

Editorial Anuket

Temario:

Capítulo 1
Consejos e ideas básicas

La paciencia es una virtud a la hora de crear o remodelar un jardín, pero no todos la tienen. Algunos trucos pueden ayudarte a evitar tiempos de espera innecesarios. Con estos consejos, tu jardín estará listo y floreciente mucho antes de lo que esperas.

"Si plantas una semilla por la tarde, estará en el cielo por la mañana". Mucha gente conoce el cuento de Hansel y las habichuelas mágicas, pero desafortunadamente todavía no existe un truco de magia que pueda hacer que nuestras plantas crezcan enormes de la noche a la mañana. La paciencia es clave y sigue siendo una virtud que los jardineros deben cultivar constantemente, pero se puede "engañar" un poco a la naturaleza. Para que su jardín prospere, una buena planificación es esencial desde el principio.

Jardines en espacios pequeños

Cuando se tiene un espacio pequeño en el hogar, es importante pensar cuidadosamente el diseño del jardín para que sea atractivo y funcional. Algunas ideas para diseñar un sector verde en espacios reducidos incluyen:

• **Escoger plantas adecuadas**: Es fundamental seleccionar plantas que se adapten a las condiciones del lugar, como la cantidad de luz solar y la disponibilidad de agua. Las plantas enanas y arbustos de lento crecimiento son una excelente opción, ya que permiten mantener el tamaño del jardín bajo control. Las plantas colgantes también pueden ser una opción ideal para los espacios verticales, como las paredes.

• **Aprovechar cada centímetro**: Cada milímetro cuenta en un jardín pequeño, por lo que es fundamental sacar el mayor partido posible a cada rincón del espacio. Se pueden utilizar macetas colgantes, estantes o repisas para colocar plantas y flores, o incluso puedes cultivar plantas comestibles en macetas.

• **Diseñar en capas**: Una forma de hacer que un jardín reducido parezca más grande es crear diferentes capas de plantas y flores. Se pueden incluir las más altas en la parte trasera del jardín y plantas más pequeñas en el frente, para dar la sensación de mayor profundidad.

• **Uso de elementos decorativos**: Los elementos decorativos pueden ser una excelente forma de agregar interés visual y personalidad al espacio verde. Se pueden utilizar piedras, luces, fuentes de agua, esculturas o cualquier otro objeto que sea atractivo y se adapte al estilo del jardín.

• **Crear áreas multifuncionales**: En un jardín reducido es importante maximizar el uso del espacio, por lo que se pueden crear áreas multifuncionales que sirvan para diferentes propósitos. Por ejemplo, una zona verde con arbustos pequeños, puede ser también un espacio para leer o relajarse.

Selección de plantas según la iluminación y el clima

La selección de plantas adecuadas según la iluminación y el clima es fundamental para crear un jardín saludable y vibrante. Algunos consejos que debes seguir son:

• **Investigar las necesidades de luz de las plantas**: Las plantas tienen diferentes necesidades de luz, algunas requieren pleno sol, otras toleran la sombra, y algunas pueden crecer en lugares con luz indirecta.

Es importante conocer las necesidades de luz de las plantas que se desean cultivar para garantizar que recibirán la cantidad adecuada de iluminación para crecer saludablemente.

• **Considerar la zona de rusticidad**: La zona de rusticidad es una clasificación que indica las temperaturas mínimas que pueden soportar las plantaciones. Es importante elegir ejemplares que sean resistentes a las temperaturas extremas de la zona donde se encuentra el jardín. Las plantas que no son resistentes a las temperaturas de la zona no pueden sobrevivir en el invierno.

• **Elegir plantas nativas**: Las plantas originarias del lugar suelen ser más resistentes a las condiciones climáticas y a las enfermedades locales. Además, a menudo requieren menos agua y fertilizantes, lo que las convierte en una opción más sostenible y de bajo mantenimiento.

- **Considerar el tipo de suelo**: El tipo de suelo también es importante al seleccionar lo que integrará nuestro jardín. Algunas plantas prefieren suelos ácidos, mientras que otras son para suelos alcalinos. También es importante considerar el drenaje del terreno, ya que algunas plantas no toleran el exceso de agua.

- **Elegir plantas para atraer polinizadores**: Al hacer la elección floral, también se puede considerar aquellas que atraen polinizadores, como abejas y mariposas. Estas plantas pueden ayudar a mejorar la salud del jardín y a aumentar la producción de frutas y verduras.

Cuidado del suelo y nutrición de las plantas

Estos son aspectos fundamentales para mantener un jardín saludable y vibrante. Algunos consejos para tener en cuenta son:

- **Añadir materia orgánica**: La materia orgánica, como el compost y el estiércol, puede mejorar la calidad del suelo y proporcionar nutrientes a las plantas. Al agregar materia orgánica al suelo, se mejora su capacidad de retener agua y nutrientes, lo que hará que la vegetación crezca más sanas.

- **Controlar la erosión**: La erosión del suelo puede ser un problema en zonas con pendientes o en áreas con mucho tráfico. Para evitarla, se pueden utilizar plantas de cobertura del suelo y agregar mantillo, como astillas de madera o piedras, alrededor de las plantas para proteger el suelo.

• **Fertilizción**: Es importante proporcionar nutrientes a las plantas para que crezcan sanas y fuertes. Se pueden utilizar fertilizantes orgánicos o químicos para proporcionar los nutrientes necesarios. Es necesario seguir las instrucciones de la etiqueta del producto y no aplicar en exceso, ya que esto puede dañar las especies vegetales.

• **Controlar las malas hierbas**: Las malas hierbas pueden competir con las plantas por los nutrientes del suelo y la luz solar. Para controlarlas, se pueden utilizar métodos mecánicos, como arrancarlas a mano, o utilizar herbicidas selectivos que no dañe la vegetación que queremos salvar.

• **Regar adecuadamente**: El riego adecuado es esencial para el crecimiento saludable de la flora. Es importante tener en cuenta las necesidades de las especies para proporcionarle la cantidad adecuada y en el momento propicio de agua, evitando el exceso o la falta de humedad. Algunas plantas requieren más hidratación que otras, por lo que es importante conocer las particularidades de cada una.

Creación y mantenimiento de huertos urbanos

Cada vez son más las personas que se interesan por la creación de huertos urbanos. Estas pequeñas granjas familiares pueden ser una gran fuente de alimentos frescos y saludables, como ayudar a mejorar la calidad del aire y la biodiversidad en las ciudades. Algunos consejos para su creación son:

• **Selección de la ubicación**: Es importante elegir un sitio adecuado para tal fin. Debe ser un lugar con buena exposición solar y con un acceso fácil al agua. Si el huerto se coloca en un balcón o terraza, es importante asegurarse de que el peso del huerto no supere la capacidad de carga de la estructura.

• **Elección de las plantas**: Es importante elegir plantas que se adapten a las condiciones de cultivo en un huerto urbano. Es necesario tener en cuenta el tamaño de las plantas (no puede sembrar calabazas en su balcón), su adaptabilidad a la luz solar y la calidad del suelo. Algunas plantas comunes para este propósito incluyen tomates, hierbas, lechugas, pepinos y chiles.

• **Preparación del suelo**: La preparación del terreno es fundamental para el éxito de un huerto urbano. Es necesario elegir un suelo rico en nutrientes y que tenga una buena capacidad de drenaje. Se puede agregar compost o abono orgánico para enriquecer la tierra.

• **Riego adecuado**: Es importante proporcionar a las plantas la cantidad adecuada de agua para que crezcan sanas. En un huerto urbano, esto puede ser un desafío debido a las limitaciones de espacio y acceso al agua. Es posible utilizar sistemas de riego por goteo o regaderas para mantener las plantas bien hidratadas.

- **Control de plagas y enfermedades**: Los huertos urbanos pueden ser vulnerables, como todo cultivo, a plagas y enfermedades. Es importante estar atento a los signos de infestación y tomar medidas para controlarlas. Se pueden utilizar métodos orgánicos, biológicos como el control o el uso de aceites esenciales u otros preparados caseros muy fáciles de preparar, pero no por ello menos efectivos. (Te daré una lista en el cap.9)

- **Mantenimiento regular**: Es importante controlar el huerto urbano periódicamente. Esto puede incluir la poda de plantas, la eliminación de malas hierbas y la adición de abono orgánico para mantener el suelo rico en nutrientes.

Diseño de paisajes de bajo mantenimiento

Diseñar un paisaje de bajo mantenimiento puede ahorrar tiempo, dinero y esfuerzo en el cuidado del jardín. Algunos consejos para ello son:

- **Elegir plantas perennes y nativas**: Las plantas perennes, que viven durante varios años, son una buena opción para un paisaje de bajo mantenimiento porque no necesitan ser replantadas cada año. Las plantas nativas también son una buena opción porque están bien adaptadas al clima y al suelo local.

- **Agrupar plantas según sus necesidades**. Es importante agrupar las plantas según sus necesidades de agua y luz. Esto hace que el riego y la fertilización sean más eficientes y reduzcan el tiempo y el esfuerzo necesario para el cuidado del jardín.

• **Uso de materiales duraderos y resistentes**: Al utilizar materiales duraderos y resistentes, como la piedra, la madera tratada y la fibra de vidrio, se reduce la necesidad de reparaciones y reemplazos costosos en el futuro.

• **Uso de mulch**: La utilización de mulch, como la corteza de árbol o astillas de madera, puede reducir la cantidad de maleza y conservar la humedad en el suelo.

• **Incorporar elementos de bajo mantenimiento**: Incorporar elementos de bajo mantenimiento, como caminos de piedra o grava, puede reducir el tiempo y el esfuerzo necesario para el cuidado del jardín. También se pueden utilizar plantas de bajo mantenimiento, como cactus y suculentas.

• **Evitar plantas invasoras**: Es importante evitar plantas invasoras que puedan propagarse rápidamente y requieran un esfuerzo adicional para controlarlas. Algunas plantas invasoras comunes incluyen la hiedra, la retama y el bambú.

Solución de problemas de plagas y enfermedades

Las plagas y enfermedades suelen ser un problema común en el jardín y causar daños significativos a las plantas y al paisaje en general. Algunos consejos para solucionar estos inconvenientes son:

• **Identificar el problema**: Es importante conocer el tipo de plaga o enfermedad que está debilitando las plantas antes de tomar medidas para controlarla. Esto puede ayudar a determinar el mejor enfoque de control y minimizar cualquier daño adicional a la vegetación.

• **Utilizar métodos de control no tóxicos**: Los métodos de control no tóxicos, como la rotación de cultivos, el uso de insectos seleccionados, el uso de aceites esenciales y el lavado de las plantas con agua, son una forma segura y efectiva de controlar las plagas y enfermedades sin utilizar productos químicos dañinos.

• **Usar productos químicos con precaución**: Si es necesario utilizar productos químicos para controlar las plagas y enfermedades, es importante hacerlo con sumo cuidado. Es importante leer las etiquetas detalladamente, utilizar los productos solo como se indica y vestir ropa protectora y guantes para evitar la exposición.

• **Mantener las plantas saludables**: Las plantas sanas son menos propicias a sufrir daños por plagas y enfermedades. Es importante mantenerlas bien regadas y fertilizadas. Se deben eliminar las partes dañadas o enfermas de ellas para prevenir la propagación de la enfermedad.

Capítulo 2
Consejos avanzados

Comenzar un nuevo jardín

Ya sea que tu corazón esté puesto en cultivar verduras, flores o simplemente en crear y mantener un hermoso jardín, debes comenzar en alguna parte. No hay nada como cultivar plantas y vegetales a partir de semillas, especialmente si estás interesado en comenzar un jardín orgánico. Hoy en día, las semillas orgánicas de plantas y verduras o frutas están fácilmente disponibles y siempre hay alguien dispuesto a intercambiarlas. Hacer que tus plantas comiencen bien es fundamental para cultivar plantas fuertes, y sembrar y cultivar a partir de semillas es un arte en sí mismo. Se necesita más esfuerzo y compromiso, pero ver cómo se desarrollan con el tiempo es educativo y emocionante.

El cultivo interior en ambientes controlados o simplemente colocados en el alféizar de una ventana, se puede hacer durante todo el año. Cultivar al aire libre es el verdadero desafío. Prepárate para proteger tus plantas de plagas como las babosas y sigue los consejos de este libro y lo que vayas experimentando con la práctica para garantizar un jardín exitoso.

Antes de comenzar a plantar semillas, excava la tierra varias veces en el lugar elegido donde deseas comenzar tu jardín. Esto se hace para promover el crecimiento de malas hierbas antes de plantar, y que luego las puedas erradicar con éxito. El momento tradicional para comenzar este proceso es en el otoño. Todas las malas hierbas deben eliminarse antes de la siembra. Elije un día seco y asegúrate de que la tierra con la que trabajarás no esté mojada. Dependiendo del tipo de jardín que estés preparando, espolvorea el suelo con un compost adecuado. Puede ser, por ejemplo, compost apto para hortalizas. Tu centro de jardinería podrá ayudarte a encontrar el mejor fertilizante para tu parcela o jardín. Una vez que se completa este proceso, el campo se rastrilla una y otra vez hasta que esté completamente nivelado para facilitar la siembra.

Al principio de la temporada, el suelo todavía está muy húmedo y fresco. En este caso, es aconsejable cubrir primero el suelo preparado con una envoltura de plástico durante algunas semanas hasta que esté seguro de que el clima ha mejorado y la escarcha se ha ido. El plástico ayudará a calentar la tierra y la capa superficial se secará un poco, lo que facilitará el comienzo de la siembra. Si no puedes esperar, podría ser una buena idea hacer un túnel de plástico con tubos de plástico para plantar y cultivar plántulas debajo.

Una cosa para recordar cuando se trabaja en el jardín es comenzar poco a poco. Un pequeño macizo de flores de 2 a 3 metros cuadrados ya es ideal. Es lo suficientemente ancho para unas 30 plantas. Esto te permitirá probar en un sector pequeño. Si te gusta disfrutar del jardín, siempre es posible ampliarlo aumentando la superficie.

El lugar

Lo siguiente que se harás es elegir un sitio para el jardín. El trabajo de jardinería debe realizarse en un lugar donde por lo menos le llegue unas seis horas de luz solar. El sembrado debe realizarse en un sector alejado de los árboles grandes que absorben agua y otros nutrientes de las plantas. Deben estar a una distancia mínima de 50 cm de cercas y otras estructuras. En climas cálidos o calurosos, lo mejor es elegir un lugar con sombra, independientemente del fuerte sol de la tarde. Un jardín saludable con 10 a 12 horas de sol siempre es lo ideal, pero las plantas deben ser muy adaptables. Aunque el suelo siempre se puede mejorar, vale la pena tener el mejor suelo. Se deben evitar áreas con suelo rocoso, pendientes pronunciadas o áreas donde suele estancarse el agua.

Luego viene la parte divertida, empezar a cavar. La jardinería nunca ha sido una actividad pulcra. Uno definitivamente se manchará las uñas y la ropa.

Las piedras, la suciedad y las malas hierbas deben eliminarse primero. Después de eso, el lugar debe excavarse aprox. 10 cm de profundidad. Luego tenemos que nivelar la superficie y, si es necesario, poner compost o minerales nutritivos. Si el suelo es muy ácido, se puede añadir cal. Ahora, si es demasiado arenoso, puedes agregar un poco de turba. Las plantas prosperarán en un suelo neutro en ácido si se agrega una pequeña cantidad de fertilizante.

Si has comprado semillas, plántalas de acuerdo con las instrucciones sugeridas en el paquete. Cuando las compres, elije siempre aquellas que tengan tallos, hojas y raíces saludables y verdes. Coloca plantas más pequeñas frente a conjuntos verdes. Los más grandes se ponen en la parte de atrás. La clave para comenzar un jardín exitoso es asegurarse de que tus actividades de plantación se realicen en el momento adecuado. Verifica y espera hasta que termine la helada antes de plantar. Asegúrate de revisar el empaque al momento de plantar. Esto generalmente te indica el momento exacto en que puedes comenzar a sembrar para un crecimiento completo.

Cuando empieces a dedicarse a la jardinería, asegúrate de que tus plantas reciban el agua que necesitan para crecer; especialmente riego manual. Muchas otras configuraciones también incluyen rociador o aspersador. El riego durante la parte más fresca del día o al atardecer es muy efectivo. La cantidad de agua necesaria depende del tipo de planta, pero la mayoría requiere una fumigación semanal. En el período más caluroso, las plantas deben regarse unas 3 veces por semana.

El mantillo o compost es lo más útil de muchas cosas que puede agregar a tu espacio verde. Unas pocas pulgadas de mantillo orgánico pueden ayudar a que el suelo retenga la humedad, mejorando la fertilidad. Las virutas de madera, las hojas, los recortes de césped, el estiércol y las agujas de pino se pueden usar como mantillo.

Una vez que hayas decidido lo que quiere para tu jardín, hay varios otros factores a considerar al comenzar con las herramientas de jardín. Lo más importante es que necesitas determinar su ubicación. Los criterios de colocación suelen estar determinados por muchos factores. Depende de cómo lo riegues o de cuánta sombra necesites, etc. Algunas preguntas pueden ser de gran ayuda para decidir si su jardín vive o muere. Por lo tanto, no debe tomarse a la ligera. Cada uno de ellos debe recibir una atención especial.

Debes elegir un lugar que proporcione las condiciones climáticas ideales para todas las plantas del jardín. Todo depende del tipo de jardín con el que te encuentres, por lo que no existen normas ni recomendaciones específicas. Entonces, si busca en Google la planta con la que estás tratando, encontrarás muchos sitios que te dirán qué condiciones son adecuadas para que crezca. Luego, simplemente busca el lugar con sombra o más soleado en el jardín. Regar el jardín es un factor crucial. Si el césped tiene un sistema de riego fácil de instalar, puede ser mejor colocar el jardín en el medio del patio. Luego puedes incluso regar todo a la vez, sin ningún esfuerzo adicional de tu parte.

Una vez que tengas una idea básica de dónde estará tu jardín, es una buena idea monitorearlo registrando la cantidad de horas que pasa al sol y la cantidad de horas que pasa a la sombra. Puedes comparar los resultados con algunos sitios en línea. Entonces deberías poder determinar si la ubicación que has elegido es adecuada para plantar y comenzar tu jardín en consecuencia. De hecho, la cantidad de luces/sombras cambia con las estaciones. Básicamente, esto debería darte una buena idea de qué esperar en el próximo año. Si es necesario, se puede colocar algún tipo de sombra más tarde para proteger la plantación del fuerte sol. Una vez que hayas determinado el lugar perfecto, qué tan bien recibe la luz solar y qué tan fácil es regar, estás un paso más cerca de crear tu jardín. Por supuesto, hay varios otros factores aquí que a menudo se pasan por alto. Sin embargo, lo más importante es que debes poder verificar si la ubicación elegida es adecuada según el sentido común. Uno puede simplemente pensar: "Si planto, ¿florecerá esto?" Honestamente, si su respuesta es afirmativa, podría pensar que es hora de dirigirse a su tienda de jardinería local y obtener la tierra y el fertilizante que necesita para comenzar.

Elegir la planta adecuada

Al comenzar un jardín, las personas tienen dos opciones: plantar semillas o comprar plantas completas. Cada idea tiene sus méritos. Si eliges las semillas y las cuidas a diario, cultivar plantas sanas será una experiencia mucho más gratificante. Sin embargo, este enfoque es bastante arriesgado. A menudo sembramos muchas semillas que nunca veremos surgir.

Si eliges comprar plántulas de un vivero y cultivarlas, reducirá en gran medida la cantidad de trabajo necesario para mantenerlas saludables. En el pasado, se descubrió que muchos trabajadores de viveros no calificados dañaban las plántulas al tratarlas con diversos productos químicos y fertilizantes, que al venderlas se veían perfectas, pero ya en manos del comprador morían al poco tiempo.

Suena superficial, pero una de las cosas que la gente debería comprobar con las plantas potenciales es si realmente se ven bien. Cuando se trata de plantas, realmente se puede juzgar el libro por su portada. Si una planta está bien cuidada, sana y libre de plagas y enfermedades, casi siempre podemos notar su estética. Si la planta está creciendo en un suelo insalubre o tiene insectos dañinos, puedes saberlo por las hojas y los tallos muertos.

Cuando explores los estantes de los viveros en busca de las plantas de tus sueños, deberás descartar aquellas florecidas. Si las plantas no están floreciendo ahora, es mucho menos dañino trasplantarlas. Lo mejor es elegir aquellas que solo tengan brotes (brotes jóvenes de plantas y árboles). Pero cuando tienes que elegir entre todas las plantas con flores, tienes que hacer lo impensable y cortarlas a todas. Vale la pena para la salud futura de la planta. Trasplantar plantas mientras están en flor las matará aproximadamente el 90% de las veces.

Al invertir dinero para comprar plantas, asegúrese de revisar las raíces. Si las raíces están en muy mal estado, se puede saber mirándolas de cerca. Debes inspeccionar cuidadosamente las raíces en busca de signos de podredumbre, oscurecimiento o decoloración. Las raíces deben permanecer fuertes y actuar como un marco escénico perfecto.

Si notas algo inusual en el producto, ya sea la forma de las raíces u otras características irregulares de las hojas, asegúrate de preguntar al personal del vivero. Si bien estas cosas a menudo pueden indicar una planta poco saludable, a veces hay explicaciones lógicas.

Consejos para su jardín:

- **Privacidad inmediata**

Muchos propietarios de jardines quieren tener un lugar privado en un rincón aislado del jardín, pero a menudo carecen de esa intimidad. Se necesita mucho tiempo para que un seto o un árbol crezcan lo suficiente. Los tapetes para dardos ya hechos o los materiales de construcción son ideales para suplantar a los setos, o por lo menos hasta que estos crezcan. Se ven naturales y se adaptan fácilmente a cualquier lugar. Con la ayuda de postes de madera unidos a pequeños cimientos de hormigón con los llamados anclajes de postes, la pantalla de privacidad es lo suficientemente estable. Consejo: utiliza hormigón premezclado de endurecimiento rápido como base; de esta manera puedes configurar tu pantalla de privacidad en un día.

Las esteras de sauce son decorativas y, a diferencia de los setos, brindan privacidad segura desde el primer día.

- **Arbustos con flores para todas las ocasiones**

Cuando se compran, los arbustos suelen ser bastante cortos y pueden tardar años en alcanzar la altura deseada. Lo mejor es comprar una talla entre 100 y 150 cm. También hay especies que tienen muchas ganas de crecer por su cuenta. Estos incluyen arbustos de flores simples pero efectivos como la acedera, forsythia, grosella, jazmín o Kolkwitzie. El precio compensa la desventaja de que los arbustos de rápido crecimiento a menudo necesitan ser cortados con más frecuencia: son baratos porque crecen rápidamente en el vivero.

- **El césped enrollado es un éxito rápido en el jardín**

Los tepes enrollados se entregan frescos y deben colocarse el mismo día. Si decides crear un jardín con césped, seguro que no esperarás demasiado para tener una alfombra verde. Aunque el pasto rizado es más caro que el pasto en crecimiento, es el más rápido. Cuando la camisa de picas esté lista, no te tomes el tiempo de colocarla o la camisa de picas comenzará a pudrirse. El suelo primero se afloja, se nivela y se compacta previamente con un rodillo para césped. Agua después de la puesta. Solo se necesita un día para preparar el suelo y crear un césped para caminar. Por el contrario, un césped sembrado requiere de cuatro a seis semanas antes de la primera siega, dependiendo del clima. Tomará algunas semanas más de corte hasta que el césped esté agradable y espeso. El césped rizado se puede utilizar como césped decorativo, césped para parques infantiles o césped de sombra.

- **Coloridos macizos de flores en un instante**

Usando mezclas de semillas de flores, puedes reverdecer el área de manera rápida y efectiva. ¿Tienes un gran terreno baldío que necesitas convertir en un mar de flores lo antes posible? Con una mezcla de pradera de flores, tu sueño puede hacerse realidad en tan solo cuatro a seis semanas. Afloja la tierra antes de plantar a fines de abril o principios de mayo, luego rastrilla ligeramente, riega y listo. Sin embargo, debes asegurarte de que el lecho de semillas no se seque durante la germinación. La primera especie florecerá solo un mes después. La recolección de semillas se realiza en otoño. Las áreas pequeñas se pueden plantar con flores anuales de verano. Una colorida cama de verano se puede instalar en unas pocas horas.

- **Escala las plantas en el jardín para un éxito rápido**

Morning glory (Ipomoea) crece rápidamente y florece todo el verano. Las plantas anuales trepadoras como la campanilla, los frijoles (Phaseolus), los guisantes de olor (Lathyrus odoratus) o la capuchina (Tropaeolum) crecen y florecen más rápido. Necesitan mucha agua y fertilización regular para comenzar rápidamente y florecer profusamente. Después de la primera temporada, las trepadoras perennes vigorosas como el lúpulo, la madreselva o la clemátide reemplazan a las trepadoras anuales, proporcionando una vegetación permanente.

- **Setos de rápido crecimiento**

Los setos de crecimiento rápido garantizan una privacidad fiable en el borde del jardín en pocos años. Además de los árboles de la vida (Thuja) y los cipreses (Chamaecyparis), hay setos caducifolios de rápido crecimiento como el aligustre (Ligustrum vulgare) o el arce de campo (Acer campestre). Son económicos, pero se requiere una poda fuerte cuando los planta para mantenerlos lo más tupidos posible. Los viveros también ofrecen los llamados elementos de seto, que ya están listos en forma de caja, y las plantas de seto más populares tienen alrededor de dos metros de altura.

- **Hortensia (Hydrangea paniculata) como planta en maceta en la terraza**

Muchas de nuestras plantas de jardín, como las hortensias (panícula de hortensias), también se sienten como en casa en macetas grandes y enriquecen el jardín por la noche junto a verduras frescas y flores grandes. Puedes cambiar su ubicación según sea necesario o dejarla en la maceta todo el año. También se espera que florezcan plantas de interior mediterráneas como la adelfa, la trompeta de ángel o la lantana. Sin embargo, no son resistentes y deben trasladarse a una habitación libre de heladas en el otoño.

- **En poco tiempo se sella el área**

Si deseas plantar áreas más grandes de manera atractiva, pero quieres prescindir de un césped, la cubierta vegetal es la mejor opción. Entre ellas hay especies que no tardan en cubrir completamente áreas considerables y suprimen las malas hierbas durante mucho tiempo. Muchas especies de cranesbill solo necesitan unos pocos años para cubrir las áreas con vegetación. El manto de dama (Alchemilla), la fresa dorada (Waldsteinia ternata), la centella asiática (Lysimachia nummularia) o la hiedra de hoja perenne son muy adecuadas para plantar árboles. Dependiendo del tamaño y vigor de la especie, se esperan de cuatro a doce plantas por metro cuadrado.

- **Un práctico centro de atención frente a una pared en blanco**

Instala al instante un estante flexible para cajas viejas de frutas o vino en la pared de un garaje, pared de la casa, patio o frente a una pantalla de privacidad. No necesitas un clavo o un martillo. Coloca las cajas verticalmente o una al lado de la otra para que cada caja sea estable. Las habitaciones separadas tienen espacio para macetas con flores, decoraciones o prácticas herramientas de jardín. Las cajas también se pueden reorganizar y pintar en diferentes colores en cualquier momento que se desee.

- **Bordes**

Si deseas agregar a tu espacio verde una cubierta para el suelo, como tomillo rastrero o alyssum, esta es una excelente manera de comenzar temprano y una forma fabulosa de crear bordes instantáneos sin el dolor de espalda de tener que plantar cada flor. Mide el área que deseas cubrir con la cobertura del suelo. Supongamos que deseas crear un borde a lo largo de un jardín existente de un metro de largo. Corta papel periódico (unas 2 páginas de grosor) en tiras de 20 cm de largo por un 10 cm de ancho. Para cubrir un metro, necesitará cinco de estas tiras de 20 cm. Coloca las tiras en un área levemente soleada pero donde las semillas no se vean perturbadas o castigadas por los rayos de luz, como una estantería en el sótano cerca de una ventana. Coloca bolsas de basura en los estantes y luego agregue las tiras de periódico. No superponga las tiras.

Espolvorea las semillas sobre el periódico como lo harías si las estuvieras plantando en el suelo. Coloca una capa de papel toalla sobre cada tira y luego rocía la toalla, las semillas y el periódico con una botella de agua. Deberá saturar la toalla y el periódico, pero no que gotee. El papel nunca debe secarse (si se rocía inmediatamente). Retire la toalla de papel cuando las semillas germinen (alrededor de una semana). Dos meses después, si el clima lo permite, puede plantar tus tiras de periódico, ahora repletas de plántulas, al aire libre. Primero coloca cuidadosamente cada tira de plántulas donde se plantarán. Una vez que estés satisfecho con el arreglo, cubre las áreas descubiertas del periódico con tierra para anclar la tira.

- **Guarda las macetas que vinieron con la planta.**

Primero, siempre puedes usarlas para comenzar nuevas plantas con semillas de la próxima temporada (asegúrate de lavar los recipientes para eliminar cualquier enfermedad). En segundo lugar, al principio parece muy interesante, pero si cortas el fondo del plástico y a estos recipientes los pone en un nuevo trasplante, los protegerá de los conejos. Además, colocar macetas alrededor de los pastos ornamentales es una excelente manera de evitar que las hebras de pasto más jóvenes y más bajas se pudran mientras yacen en el suelo. La banda creada por la maceta mantendrá las hebras fuera del suelo.

- **Estimulante natural**

Aquí hay un consejo de mesa de café. Los humanos no son los únicos que obtienen un impulso con el expreso. Las ¡plantas también! Dos componentes del café, la cafeína y la teofilina, son ingredientes comunes en productos costosos para el cuidado de la piel e ingredientes clave en medicamentos para el asma, pero también son excelentes fertilizantes para plantas. Simplemente mezcla el expreso sobrante de su café de la mañana en el suelo cada poco mes y observa cómo crece la vegetación.

- **Decoración**

Una jardinería exitosa significa que no siempre tienes que comprar todas las cosas nuevas como macetas o fertilizantes. ¿Mira a tu alrededor y observa lo que hay para reciclar?

Si vives cerca de un edificio nuevo, ya sea un edificio grande o un vecindario nuevo, seguramente encontrarás muchas rocas para tu jardín. Ten cuidado porque las obras de construcción pueden ser peligrosas. No olvides traer un carrito para que puedas moverte fácilmente por el área y remover las rocas al mismo tiempo.

- **Semillas**

Ya sea que las plantas sean anuales, perennes o arbustos como los rododendros, debes cosechar las semillas incluso si no planeas cultivarlas. ¿Porque? Porque puedes cambiarlas por otras semillas, cultivar plantas y venderlas al final de tu camino de entrada o en el mercado de agricultores por dinero extra. Incluso puedes donar semillas a una organización benéfica local o a un refugio de animales, quienes luego pueden revenderlas en eventos para recaudar fondos. La jardinería se trata de descubrir qué funciona mejor para ti y qué no. Tómate el tiempo para anotar todas las ideas de tu jardín para que puedas consultarlas durante el invierno y prepararte para la primavera. Así que esta primavera estarás listo para comprar las semillas y las plantas que necesitas para tus nuevos planes de jardín.

Capítulo 3
Tipos de jardín

Primero analicemos los tipos de suelos en los que iremos a trabajar.

Tipos de suelos

El suelo se compone de bacterias y microbios que ayudan a descomponer la materia orgánica en nutrientes y así enriquecerla. Como te dirán los jardineros, algunos suelos son mejores que otros para cultivar diferentes tipos de plantas. Dependiendo de la situación, la tierra de tu jardín puede necesitar un poco de ayuda.

El suelo arcilloso se conoce como suelo pesado. Cuando está mojado, sus partículas se pegan entre sí, haciéndolo impermeable al agua y a las plantas. Cuando la arcilla se seca, todavía está dura y se agrietará. Por lo tanto, el suelo debe ser aflojado. La mayoría de los jardineros agregarán turba o humus al suelo arcilloso para evitar la aglomeración y permitir que escape la humedad. El suelo arenoso consiste en las partículas más grandes que se encuentran en el suelo. Los suelos arenosos tienen un excelente drenaje y muchas veces tienen el problema de no poder retener agua para que la planta crezca bien. Nuevamente, el humus o la turba pueden mejorar la situación.

El suelo limoso suele ser un buen suelo de crecimiento porque el tamaño de sus partículas es entre arcilla y arena. El suelo arcilloso es generalmente excelente para el crecimiento de las plantas. Es abierto, retiene bien el agua y tiene buena estructura.

Puedes comprar otros tipos de suelo de cultivo en línea o en tu centro de jardinería local. El humus es básicamente tierra vegetal compostada. Es rico en materia orgánica descompuesta y se puede vender como tierra vegetal normal. El humus a menudo se puede comprar como compost de turba o compost de corteza de pino. El humus de turba se compone principalmente de cañas podridas. El humus de corteza de pino proviene de la corteza de pino en descomposición. El humus se usa a menudo para construir la estructura del suelo en macetas, céspedes y macizos de flores.

La tierra para macetas se vende lista para usar. También conocida como tierra para macetas, es perfecta para estas plantas y para cultivar plántulas a partir de semillas. La tierra para macetas es una combinación de materiales orgánicos e inorgánicos y contiene ingredientes como compost, turba, arena y vermiculita. La mayoría de los jardineros recurren a la tierra vegetal empaquetada de vez en cuando para mejorar la calidad de la tierra de su jardín. Puede adquirirse estéril o en su forma natural que contiene microorganismos. Las mezclas sin tierra se venden para usar en jardines en contenedores o en tinas. Estos han sido esterilizados por lo que no hay posibilidad de malas hierbas. Este medio de cultivo retiene muy bien el agua y los nutrientes.

Hay muchas más enmiendas y suplementos para el suelo en el mercado, pero necesitas saber qué necesita su suelo para que tus plantas prosperen. En algunos casos, una prueba de pH del suelo es perfecta para determinar la composición del suelo de tu jardín. Los kits de prueba están disponibles. Consulte en línea o en su centro de jardinería local.

Tipos de jardines

Si tienes un área verde pequeña, puedes tener hermosos jardines, huertas y plantas de interior. O tal vez te encanten las plantas, pero no tienes un jardín grande, o tu salud te impide dedicarse a la jardinería a gran escala. Este es el momento de centrarse en la jardinería en una terraza o balcón vacío. La terraza es un espacio que a menudo se pasa por alto y que los propietarios o inquilinos de apartamentos a menudo se olvidan de usar, entonces, ¿por qué no darle vida con plantas? ¡Los beneficios son muchos y la conveniencia es insuperable!

Un enrejado con hiedra u otras plantas trepadoras es probablemente la mejor manera de protegerte de los vecinos entrometidos. Una rejilla también puede aliviar patios antiestéticos o calles ruidosas. Si la idea de un enrejado no te atrae, siempre puedes colocar un ficus resistente u otra planta de contenedor grande para dar sombra a la vista desde tu patio o balcón. Las terrazas de madera, las terrazas de hormigón o los balcones de hierro son espacios negativos que pueden volverse atractivos si se decoran con plantas.

En las tardes frías, cuando estés sentado en un columpio o en un banco, las plantas colgantes, como los helechos, pueden hacer que la habitación sea más acogedora y dar la impresión de que ti y tus invitados están "mirando" la vista exterior. Las plantas de exterior, pequeñas pero resistentes, son perfectas para estantes o barandillas en niveles, lo que agrega interés visual.

Las verduras como los tomates cherry o los limoneros pueden convertirse fácilmente en productos frescos. Hay muchas verduras y frutas que crecen bien en macetas. Es perfecto para jardineros con espacio limitado o movilidad limitada. Las hierbas aromáticas también son una gran adición a tu jardín porque son tan hermosas como funcionales.

Las terrazas pueden ser grandes o pequeñas, según su gusto o espacio. Es posible que prefieras un estilo del sudoeste con muchos cactus. Tal vez desees una apariencia con vegetación exuberante y flores florecientes. Los minimalistas pueden querer limitar su jardín con un limonero y una maceta de hierbas asiáticas. Recuerda también que las propias macetas se pueden utilizar como focos decorativos. Puedes comprarlas nuevas en colores complementarios, encontrarlas en mercados de pulgas para una apariencia ecléctica o pintarlas por ti mismo. Si deseas que tus plantas se destaquen, usa macetas de terracota simples. Para las plantas verdes, las macetas coloridas suelen ser atractivas. También es posible combinar macetas con flores de color. Por ejemplo, una planta de lavanda se verá hermosa en un recipiente con flores de bígaro brillantes. Finalmente, los jardines de terraza son fáciles de mantener. Las plantas se pueden mover para obtener una mejor luz y llevarlas al interior durante los meses más fríos.

Usa una regadera doméstica para pequeñas cantidades de agua. La única herramienta necesaria es una paleta pequeña. Con un barrido semanal, unas tijeras y una escoba puedes mantener tu jardín ordenado. Si no tienes el espacio, la energía o el tiempo para crear un jardín de tamaño completo, pero aún deseas experimentar la paz y la belleza que ofrece, haz de tu patio tu paraíso.

Jardinería en macetas

Si eres un entusiasta de la naturaleza hogareña con poco espacio para satisfacer tu necesidad de jardinería, no te preocupes, la jardinería es definitivamente algo que puedes hacer. En el área de uso doméstico; ya sea un balcón, una terraza, o una ventana soleada, puedes crear una jardinería en contenedores que no solo te entretendrá, sino que también tendrás vegetales para comer.

En el pasado, la jardinería estaba reservada para los propietarios de viviendas con espacio de tierras sin usar. Hoy en día, incluso los habitantes de apartamentos pueden cultivar el jardín de sus sueños sin esfuerzo. El arte de la jardinería en contenedores proporciona un gran paisaje sin necesidad de cortar el césped semanalmente. Puedes cultivar algunas plantas perennes, anuales e incluso arbustos y algunos árboles pequeños en macetas.

No creas que la jardinería en contenedores es fácil. La jardinería en contenedores también requiere una buena planificación, similar a la jardinería tradicional.

La planificación implicará encontrar el área correcta, lo que lo ayudará a determinar las especies de plantas adecuadas para tu área, la cantidad correcta de luz natural que ingresa al apartamento y luego elegir las especies de plantas adecuadas. Siempre es una buena idea comprar plántulas en el vivero más cercano hasta que tengas las condiciones adecuadas para plantar en interiores. Las plantas jóvenes de jardín no deben almacenarse al aire libre en contenedores, es decir, a menos de 45 °F o con vientos fuertes. Además, las plantas jóvenes no deben dejarse durante la noche, ya que pueden congelarse.

Existe la idea errónea de que no todas las plantas que crecen en el suelo prosperarán en la jardinería en macetas. Si tienes tales dudas, es muy recomendable que lo pruebes. Cualquier contenedor con algunos orificios de drenaje también se puede usar para la jardinería en contenedores.

La jardinería en contenedores requiere un presupuesto muy pequeño en sus primeras etapas. También es de bajo mantenimiento y alta satisfacción. Dependiendo de los requisitos específicos de las plantas, este tipo de jardinería requerirá menos fertilizante y agua. Hay varios tipos de hortalizas en macetas que funcionan perfectamente. Este tipo de plantas vegetales solo necesitan buena luz solar y agua. Con estas verduras es fácil preparar ensaladas. Puedes servir a mano estas variedades ricas en nutrientes a todos tus amigos para una satisfacción aún mayor.

No te desesperes si no tienes balcón o terraza. Podrías obtener un asentimiento del propietario para las jardineras de las ventanas. Uno puede hacer muy posible el cultivo de varias anuales florecientes durante todo el año con vegetales de interior en la ventana soleada. Además, existe otro tipo de jardín llamado jardín comunitario, que satisfaría a todos los habitantes de la ciudad.

No habría necesidad de terminar con la jardinería en macetas al entrar en otoño. Puedes continuar con la jardinería de tu contenedor, ya que debes seleccionar las plantas que resisten las heladas. Las variedades de plantas comunes que soportan las heladas son la hierba pluma mexicana, las gramíneas Eulalie, los acianos, los algodones de lavanda, los cultivos de piedra, el jazmín, el millón de campanas, las Violetas de los Alpes, etc.

Iniciar un jardín de mariposas

Hay cientos de especies de mariposas. Hay más de 110 especies diferentes solo en Los Ángeles, California. Hay alrededor de 70 especies diferentes en Nueva York. Así que, por supuesto, hay personas como ti a las que les encantaría ver algunas de estas especies en su jardín. Las mariposas son hermosas y siempre es una sorpresa verlas volar dentro y fuera de las flores de forma inesperada. Entonces, ¿por qué no tenerlas también en tu jardín personal? Hay muchas cosas que puede hacer para atraer diferentes tipos de mariposas.

Primero, debes saber que algunas plantas que atraen mariposas también atraen abejas y avispas. Entonces, si eres alérgico a estos insectos o simplemente no quieres que anden por ahí, es posible que desees repensar un jardín de mariposas por completo. Una vez que superes eso, debes elegir plantas y flores que a las mariposas les encanten, un lugar para que puedan beber el néctar y una fuente de agua para que beban en algún lugar del jardín. No solo debes atraer a los adultos, sino también convertirse en un lugar donde los adultos hibernan, ponen huevos y larvas. Debes crear un refugio que esté protegido de alguna manera, como árboles altos que lo rodeen y que actúen como una cerca de refugio. A estos animales voladores les encanta tomar el sol, ¿por qué no colocar rocas planas para eso?

Las mariposas son principalmente activas a mediados o finales del verano, así que asegúrate de que haya muchas plantas ricas en néctar y de distintos colores. La rosa china es propicia para atraer colibríes, mariposas y abejas. Será más fácil para ellos encontrar tu jardín si contiene plantas con flores grandes del mismo color. Debes plantar flores que florezcan en diferentes épocas del año, o incluso en diferentes momentos del día y de la noche, como la dama de la noche, para que siempre haya algo floreciendo que atraiga a las mariposas. Una vez que conozcas los tipos de mariposas en tu área, será más fácil saber qué plantas y flores colocar en tu jardín. Sin embargo, no olvides alternar "plantas y flores de mariposas" con aquellas que no atraen mariposas. Si realmente tienes tantas mariposas en tu jardín, también puedes colocar fuentes de agua y áreas "tranquilas". Tener un jardín entero dedicado a las mariposas tampoco es necesario. Si lo deseas, puede tener un minijardín de mariposas agregando una sección elevada a tu jardín y ahí es donde plantarías todo.

Jardinería orgánica

Para la jardinería orgánica necesita conocer algunos consejos y trucos para que tu jardín sea exitoso. De esa forma te encontrarás con un hermoso espacio verde y una canasta de verduras frescas sin más esfuerzo ni tiempo que invertir en un jardín no orgánico.

El mulching (El mantillo, acolchado o mulching es el término utilizado en jardinería y agricultura para referirse a la capa de material aplicada sobre la superficie del suelo, principalmente para modificar los efectos del clima local), es un paso importante en cualquier tipo de jardín. Debes darle prioridad al uso de mantillo orgánico en tu jardín y huerta, por lo que es posible que desees hacer uno propio con ingredientes de tu casa. Las astillas de corteza agregarán nutrientes al suelo, ayudarán a controlar las malas hierbas y retendrán el agua. Para aquellas plantas que necesitan un mantillo ácido, simplemente rocía algunas agujas de pino en el área cubierta con mantillo, lo que naturalmente aumentará la acidez del suelo.

Si planeas iniciar un jardín orgánico, asegúrate de que el fertilizante que compres sea natural y orgánico. Puedes encontrar fertilizantes orgánicos en las tiendas de plantas y jardinería, así como otros aditivos orgánicos que desees agregar al terreno. Las plagas como los insectos siempre han sido una gran preocupación para los jardineros orgánicos. Invitar a los pájaros a tu jardín colgando comederos para pájaros es una forma de reducir la cantidad de insectos en el jardín. Sin embargo, ten en cuenta que algunas aves se comerán felizmente los brotes jóvenes de las plantas. Por ejemplo, a los gorriones domésticos les encanta el perejil, los nabos y las verduras, por lo que debes evitar atraer a estas aves a tu comedero para pájaros.

Además de atraer pájaros o usar pesticidas, existen otras formas de deshacerse de los insectos y plagas herbívoras. Puedes matar los pulgones en las plantas rociando tallos, hojas y brotes de plantas con una solución de agua y jabón. Es importante recordar rociar la solución jabonosa en el suelo alrededor y cerca de los tallos de las plantas para disuadir aún más a los áfidos de comerse las plantas. En internet puedes encontrar muchos artículos de jardinería orgánica que te darán más consejos y trucos para hacer que tu jardín florezca. En poco tiempo, disfrutarás comiendo vegetales orgánicos y un jardín libre de químicos.

Cultivo de pimientos picantes

Los pimientos picantes se encuentran en todo el mundo, pero principalmente en climas cálidos como México y el sudeste asiático. Muchos pimientos picantes también se cultivan en invernaderos, que son entornos simplemente regulados y contenidos.

A muchas personas les encanta cultivar sus propios pimientos picantes y, en el entorno adecuado, es posible que descubras que crecen más rápido de lo que puedes comerlos. Puedes cultivar pimientos picantes en tu jardín, o incluso en contenedores. Si eres un jardinero novato, es posible que desees comenzar con plantas en lugar de semillas. Cada paquete de semillas o plantas de pimiento debe venir con instrucciones muy específicas sobre la siembra, el riego y la luz solar. La mayoría de las variedades de chile picante requieren al menos cinco horas de luz solar directa al día y suelo húmedo, pero no empapado. Agregar un poco de alimento para plantas al suelo es una excelente manera de fomentar pimientos picantes grandes y saludables. Antes de plantarlos, asegúrate de que el entorno en el que vives sea caliente y lo suficiente como para producir una planta saludable.

Jardín de vida silvestre

Muchas personas eligen un jardín natural para disfrutar de la variedad de insectos o aves silvestres que lo visitan. Otra característica popular es el bajo mantenimiento. Cuanto menos mantenimiento requiera este tipo de jardín, más variedad promoverá. Estos jardines trabajan y se benefician de la naturaleza y la vida silvestre. El suelo de estos lugares, las plantas que crecen en ellos y los desechos naturales en sus superficies contienen muchos organismos diferentes. Aunque algunos de ellos son invisibles a simple vista, tienen un profundo efecto en la vida de plantas y animales grandes y pequeños. Son una parte importante del bioma y ayudan a proporcionar alimento a animales y aves.

Los jardineros inteligentes apoyan a estos microbios proporcionándoles mucho material orgánico para procesar. Los educadores de jardines entienden los beneficios de trabajar con la naturaleza. Ya sea que se trate de un jardín natural o no, existen buenas razones viables para alentar a algunos animales salvajes a visitar estos jardines. Los anfibios y las ranas ayudan a controlar las plagas, mientras que las mariquitas tienen un apetito voraz por los pulgones. Los gusanos ayudan a airear el suelo, los exterminadores comen todo tipo de "bichos malos" y las mariposas y las abejas ayudan con la polinización. Pero hay muchas otras razones para fomentar las interacciones con la vida silvestre en el jardín.

Las golondrinas se alimentan de insectos a diario, incluidos los molestos mosquitos. Petirrojos, papamoscas, pájaros cantores y pájaros carpinteros también se alimentan principalmente de insectos. Incluso los colibríes complementan su néctar con insectos de vez en cuando. De hecho, las aves son uno de los mejores medios naturales para el control de plagas en el jardín. Para animar a las aves a venir a tu patio y jardín, se deben satisfacer algunas necesidades básicas: comida, agua, refugio y un lugar para proteger a las aves jóvenes. Un jardinero inteligente proporcionará un entorno que satisfaga estas necesidades básicas de las aves.

El suministro de agua debe estar disponible todo el año. Los calentadores eléctricos pequeños hechos para este propósito pueden evitar que los estanques o piscinas se congelen en el invierno en los estados del norte o en las áreas montañosas con fuertes heladas. Puedes ayudar a garantizar visitas frecuentes de aves ofreciendo comederos para pájaros en tu jardín y sus alrededores. Ofrece diferentes tipos de alimentos para atraer a diferentes pájaros. Si los halcones son comunes en tu área, protege estas áreas de alimentación con un techo de alambre. Las aves estarán mejor protegidas de los depredadores y aún podrás verlas y disfrutarlas.

Jardín de interior

Quizás lo más importante en la jardinería de interior son los niveles de luz. En invierno, los días son más cortos, lo que significa menos luz solar. Si la casa no tiene suficientes ventanas orientadas al sur para recibir buena luz, debes aumentar constantemente el factor de luz ajustando las plantas para que reciban mejor la luz solar. Sin embargo, esta no es la mejor solución. Pocas personas creen en las bombillas de la luz del día, mientras que otras usan lámparas halógenas y luces de emisión de alta resistencia. Algunas personas incluso intentan cultivar con bulbos incandescentes, pero no tienen buena influencia en todas las plantas. En cualquier caso, es importante conocer los requisitos de luz de las plantas de interior que cultivas y debes elegir la iluminación adecuada para ellas. Una vez que sepas el nombre de la planta que deseas cultivar en el interior, investiga en Internet sobre su cuidado específico.

Puedes cultivar plantas en el interior de varias maneras, algunas dependiendo de los sistemas de agua ricos en nutrientes y otras en la Madre Tierra. El tipo de jardín elegido determina qué artículos de jardín interior necesitarás. Los sistemas de cultivo sin suelo, comúnmente conocidos como hidroponía, se consideran los mejores sistemas de cultivo de interior.

Reducir el daño a los cultivos por plagas y malezas es un poco complicado de hacer, pero puedes aprenderlo rápidamente. En la jardinería de interior, el consumidor medio suele tener a su disposición una variedad de kits hidropónicos. Al enraizar esquejes al aire libre o plantar semillas para trasplantes, compra vasos Jiffy Peat y kits de iniciación de macetas de Indoor Garden Supplies. Esto permite la siembra en interiores con un mínimo de raíces en el suelo. Son compactos y muy fáciles de transportar, además, ¡las macetas de turba se pueden cultivar desde una maceta!

La jardinería de interior es un pasatiempo verdaderamente gratificante. La mayoría de la gente se enfoca en ciertos tipos de plantas. A pocas personas les gustan los cactus, mientras que otras prefieren los cactus tropicales. Otros cultivan hierbas en el interior. No importa qué planta elijas, cada una tiene sus propias necesidades de crecimiento y un entorno óptimo. En cuanto a los cactus, necesitan un ambiente muy seco y cálido, mientras que a las hierbas les encantan los equipos hidropónicos. Por lo tanto, al elegir la jardinería de interior, es importante identificar las plantas que cultivarás y tratar de imitar el entorno en el que crecerían de forma natural para obtener los mejores resultados.

Floristería

Además de lucir hermosas en tu jardín, las flores se pueden recolectar y formar en una variedad de hermosos arreglos para muchas ocasiones especiales o simplemente para decorar tu hogar. Obviamente, puedes hacer esto solo, pero hay personas que están capacitadas en el arte de los arreglos florales y puedes recurrir a ellos para un arreglo formal y consejos sobre cómo arreglar flores por ti mismo. Los expertos se llaman floristas.

Dado que diferentes floristas organizan las flores según diferentes temas, si deseas sacar el máximo provecho de las flores que eliges para tu jardín, siempre puedes visitar una floristería para saber qué plantar. Incluso antes de elegir flores, se recomienda acudir a su florista local en busca de inspiración. Si tienes suerte, encontrarás un florista que cultiva sus propias plantas de flores y pueda mostrarte el jardín y la manera de cuidar adecuadamente una flor en particular.

Algunos floristas tradicionales que se especializan en arreglos de flores exóticas también venden ocasionalmente especies de flores y plantas que puedes trasplantar a tu jardín. También recientemente, las tiendas de jardinería y otros supermercados han ingresado al negocio de las floristerías. Siempre serán un lugar confiable para comprar plantas y otros artículos para el jardín, pero ahora puedes ir a la mayoría para obtener arreglos florales realmente impresionantes.

Capítulo 4
Consejos de jardinería en otoño

El otoño es una estación en la que la naturaleza comienza a desvanecerse lentamente en preparación para el invierno. Pero la jardinería todavía tiene mucho que ofrecer en esta temporada, ya que muchas plantas aún florecen y regalan una gran variedad de colores y texturas que pueden mejorar cualquier paisaje.

Características de la jardinería en otoño

Colores ricos y vibrantes: Los árboles y arbustos en otoño suelen cambiar sus hojas a tonos rojos, naranjas, amarillos y marrones. Las flores también pueden producir colores intensos, como los crisantemos en tonos rojos, rosas, amarillos y morados.

Temperaturas más frescas: La temperatura fresca del otoño es ideal para plantas que pueden haber luchado en el calor del verano y ahora quieren su respiro. Los jardineros pueden disfrutar del clima más fresco mientras trabajan en sus jardines sin preocuparse por el calor extremo.

Tiempo para plantar bulbos: El otoño es un momento ideal para plantar bulbos para que florezcan en la primavera. Plantar bulbos en otoño permite que las raíces se restablezcan durante el invierno, lo que les da una brotación excelente en primavera.

Hojas caídas: Las hojas caídas pueden parecer una molestia para algunos, pero son una fuente rica de nutrientes para el suelo y las plantas. Las hojas que caen son una forma natural de fertilizar el suelo de tu jardín, por lo que puedes dejarlas donde están para que se descompongan naturalmente.

Consejos para la jardinería en otoño

• **Cuida tus plantas**: En otoño, tus plantas necesitarán mucha agua para mantenerse hidratadas, especialmente durante los períodos de sequía. Asegúrate de respetar este precepto y de asegurarte de que tengan suficiente humedad en el suelo.

• **Prepara tu jardín para el invierno**: Antes de que llegue el invierno, es importante preparar tu jardín para las condiciones de frío y heladas que vendrán. Esto puede incluir la poda de árboles y arbustos, la eliminación de las plantas anuales y la aplicación de mantillo para proteger las raíces de tus plantaciones.

• **Planta bulbos de primavera**: Si deseas tener flores brillantes en tu jardín en primavera, plantar bulbos en otoño es una gran idea. Las plantas bulbosas, como los tulipanes, los narcisos y los jacintos, deben plantarse en otoño para que puedan establecerse antes de la primavera.

• **Siembra césped**: El otoño es el mejor momento para sembrar césped en áreas que necesiten una actualización. El suelo fresco y húmedo del otoño proporciona las condiciones ideales para que las semillas de césped germinen y crezcan rápidamente.

• **Elimina las plantas muertas o en mal estado**: Es importante eliminar cualquier planta que esté muerta o enferma en tu jardín antes de que llegue el invierno. Esto ayudará a prevenir la propagación de enfermedades y plagas que podrían afectar a tus plantas saludables.

• **Agrega plantas de otoño:** Añadir plantas que florezcan en otoño a tu jardín puede agregar un hermoso toque de color y textura. Las plantas de otoño populares incluyen los crisantemos, las caléndulas y las dalias.

• **Siembra vegetal de temporada**: El otoño es un buen momento para sembrar y cosechar vegetales de temporada como la calabaza, el brócoli, las coles de Bruselas, las zanahorias y las espinacas. Estos vegetales pueden prosperar en las temperaturas frescas del otoño y mejoran una deliciosa cosecha para disfrutar en tu mesa. Si quieres aprovechar las hortalizas de tu huerta en invierno, ahora es el momento de plantar lechugas de invierno, rábanos, puerros... y las fresas del próximo verano.

• **Crea un compost**: Las hojas y otros residuos de jardín pueden ser reciclados para crear un compost que puedes utilizar como fertilizante natural en primavera. Asegúrate de que el compost esté bien aireado y mantenido húmedo para que se descomponga correctamente.

- **Protege tus plantas**: Si esperas heladas o temperaturas bajo cero, es importante proteger tus plantas de jardín. Puedes cubrirlas con mantas o cubiertas especiales para cuidarlas del frío extremo.

- **Haz productos caseros**: Es el momento final de la cosecha de muchas frutas y verduras. Si te sobran, ponte manos a la obra en la cocina haciendo mermeladas, salsas, conservas... ¡o congélalo todo!

- **Trabajos ideales**: En el otoño, querrás recolectar hojas muertas para compostar o usarlas como mantillo. El otoño es también el momento de sacar las herramientas y podar los árboles, arbustos y setos. Las ramas picadas y los desechos verdes pueden usarse como mantillo o compostarse como fertilizante. En macizos de flores, el otoño es un buen momento para podar los rosales y plantar otros nuevos, como así también algunas plantas anuales como pensamientos y amapolas. Antes de que llegue el primer frio de invierno, es imperativo proveerse de macetas y jardineras resistentes a las heladas. Los geranios y los bulbos se pueden almacenar en el sótano. Las plantas mediterráneas o exóticas (buganvillas en maceta, adelfas, olivos, cítricos, cactus, etc.) deberán pasar el invierno en una habitación a prueba de heladas.

- **Trabajos de huerto:** Además de recoger frutas y podar árboles, el otoño es la temporada para plantar árboles frutales. Planta árboles con las raíces desnudas en huecos anchos (para ayudarlos a crecer verticalmente). Entierra las raíces, cubre con tierra y agua para evitar burbujas de aire y mantillo.

Si tu árbol está enfermo, puedes usar caldo bordelés como tratamiento preventivo tan pronto como caigan las hojas. Se volverá a aplicar antes de que aparezcan los primeros brotes en primavera.

• **Finales de otoño**: Los jardineros de otoño a menudo están un poco tristes por dejar la jardinería. Para algunas plantaciones de finales de temporada, dirígete a tu local de jardinería local y compra amapolas de California, candytuft, acianos, dianthus, phlox, cosmos, jaboncillos, espinacas, espuelas de caballero, violetas, algunas caléndulas, dragones, ajo y/o semillas de guisantes de olor. ¡Estas plantas anuales resistentes se pueden plantar en otoño y florecer en primavera o verano!

¿Quién no quiere resultados instantáneos en el jardín? Si estás comprando una planta, quieres que sea la mejor versión. Los viveros lo saben, por lo que pagas más por plantas más grandes. No solo hay demanda, sino que las plantas maduras tienen gastos generales más altos que las plantas jóvenes (recipientes más grandes, más agua, etc.). Pero si eres paciente, compra las plantas más pequeñas posibles. Esto te ahorrará mucho dinero y, en unos pocos meses, con las condiciones adecuadas y un pequeño milagro, tu pequeña planta se convertirá en una fuerza a tener en cuenta. El otoño es una gran época del año para comprar semillas con descuento al final del año, así como para plantar variedades de jardín. Tómate el tiempo para planificar tu jardín de otoño para que puedas disfrutar de las flores durante todo el año.

En resumen, la jardinería en otoño puede ser una temporada emocionante y hermosa para cualquier jardinero. Con algunos consejos simples, puedes cuidar tus plantas y preparar tu jardín para el invierno mientras disfrutas de los hermosos colores y texturas que ofrece esta estación.

Capítulo 5
Consejos de jardinería para invierno

La temperatura desciende gradualmente, los árboles se quedan desnudos y el pronóstico del tiempo anuncia la primera helada de la temporada. No se espera que el jardín esté lleno de plantas saludables en invierno, ¿verdad? ¡Equivocado! Hay varias cosas que puedes hacer para prolongar el tiempo que lleva cultivar un jardín exitoso. El invierno incluso tiene beneficios como el control natural de plagas que ayudará a que tu jardín crezca a su máximo potencial la próxima temporada. Además, al seleccionar cuidadosamente plantas que sean resistentes a las heladas, puedes asegurarte de que sobrevivirán de algunas condiciones adversas y estarán listas para cosechar a fines del otoño o incluso a mediados del invierno.

Puede ser una buena idea sentarse y comenzar a planificar cada aspecto de tu jardín en papel, brindándote un plan firme para usar cuando compres materiales y comiences a hacer el trabajo pesado. Los tipos de plantas que elijas para cultivar afectan la mayoría de las otras decisiones que debes tomar sobre tu jardín, por lo que es mejor abordarlas primero. Hay una variedad de verduras para satisfacer tus necesidades de jardinería de otoño e invierno. Algunos de los alimentos más populares incluyen lechuga, brócoli, zanahorias, repollo, cebollas, espinacas y rábanos. Se sabe que todas estas verduras son resistentes a las heladas, lo que las hace perfectas para el jardín.

Una vez que hayas decidido qué plantas quieres, ve a tu vivero local y compra algunos paquetes de semillas para las verduras que deseas cultivar. Asegúrate de verificar la cantidad de días que tardan en madurar. Esta información normalmente se puede encontrar en el propio embalaje. Una vez que hayas determinado la cantidad de días, simplemente planta tus semillas. Tu jardín ahora debería estar listo para los nuevos residentes, lo que significa reemplazar el suelo pobre en nutrientes en el jardín de primavera si es necesario. En invierno, el suelo debe estar bien drenado. Si el agua no puede penetrar el suelo, puede congelarse y dañar las raíces de la planta. Si te preocupa el drenaje de tu jardín, agregar arena puede mejorar la situación.

Al enterrar las semillas, asegúrate de darle a la planta más espacio de lo habitual. Esto mejorará la circulación del aire y garantizará que los hongos y el moho no se aprovechen de los lugares oscuros y húmedos que creaste sin darte cuenta al colocar las plantas demasiado juntas.

Una capa básica de protección, como periódico o plástico, ayudará a tus plantas a sobrevivir noches inusualmente frías y heladas.

A medida que se acerca la época más fría del año, las plantas experimentan cambios normales de temperatura y humedad. Muchas especies también tienen dificultades para establecerse en invierno, aunque en algunos países los inviernos no son tan intensos.

La jardinería de invierno puede parecer un desafío debido al clima frío y las condiciones adversas, pero todavía hay muchas formas de mantener tu jardín vibrante durante todo el año. Aquí hay algunos consejos y características para la jardinería de invierno:

• **Selección de plantas**: Es importante seleccionar plantas que puedan sobrevivir a las bajas temperaturas del invierno. Algunas opciones incluyen plantas perennes resistentes, arbustos y árboles resistentes al frío, y plantas de invierno como las caléndulas, las flores de invierno y las camelias.

• **Mantener la humedad**: En invierno, el aire es naturalmente más seco, lo que puede dañar tus plantas. Para mantener la humedad, riega tus plantas periódicamente y asegúrate de que el suelo esté bien drenado. También puedes agregar mantillo alrededor de tus plantas para ayudar a retener la humedad.

• **Proteger las plantas**: Las heladas y las nevadas pueden dañar tus plantas, por lo que es importante protegerlas del frío. Cubre tus plantas con telas de jardín o plástico. Debes estar atento al pronóstico por las heladas. También puedes utilizar mantas térmicas especiales para plantas.

• **Mantenimiento de las herramientas de jardín**: El invierno es un buen momento para hacer el mantenimiento de las herramientas de jardín. Asegúrese de limpiar y engrasarlas antes de guardarlas para el invierno.

- **Planta árboles y arbustos en invierno**: El invierno es un buen momento para plantar árboles y arbustos resistentes al frío. Plantar en invierno permite que las plantas establezcan sus raíces antes de la primavera y el clima más cálido.

- **Compostaje**: Las hojas y otros residuos de jardín pueden ser reciclados para crear un compost que puedes utilizar como fertilizante natural en primavera. Asegúrate de que el compost esté bien aireado y mantenido húmedo para que se descomponga correctamente.

- **Cuidado de las plantas de interior**: Las plantas de interior también necesitan cuidados durante el invierno. Asegúrate de que reciban la cantidad adecuada de luz solar y agua y evita colocarlas cerca de fuentes de calor, como radiadores.

- **Evita regar en exceso:** El riego debe controlarse en todo momento, especialmente en los días fríos. A medida que cambia la humedad, necesitas saber cuándo tus plantas realmente necesitan más agua. Una buena manera de hacer esto es observar si el suelo está húmedo o seco. Debe verse ligeramente húmedo, nunca empapado. Recuerda: ¡mantener las plantas húmedas durante largos períodos de tiempo retrasará su crecimiento!

Otro punto importante es comprobar el horario de riego. Generalmente se recomienda regar el suelo (en invierno) cuando el sol está más fuerte, como al mediodía. Por lo tanto, previene la reproducción de hongos.

- **Fertiliza la tierra con productos orgánicos:** Para que las plantas crezcan bien, se necesitan otras sustancias además del agua. Sin embargo, se recomienda agregar menos fertilizante que durante los días más calurosos cuando las plantas ralentizan su metabolismo para almacenar energía.

Un buen consejo para cuidar mejor tu jardín en invierno es invertir en abono orgánico. Se prefiere el compost como sustrato natural o vermicompost. Estas sustancias promueven el crecimiento de microbios necesarios para la retención de agua, la salud de las raíces y el equilibrio del suelo.

- **Protege las plantas del viento:** Las hojas y las ramas a menudo se quiebran o rompen con el viento frío. Para proteger tu jardín, es una buena idea crear algunas barreras naturales, como colocar las plantas más altas y resistentes al frente espacio plantado.

Los más vulnerables deben ir en la parte de atrás o en el medio. Esto se aplica a especies como el casuario y el boj. Si quieres ir más allá, puedes crear una cerca de bambú e instalarla alrededor de tus macizos de flores. Además de proteger las plantas de daños, esta alternativa es perfecta para la decoración.

- **Cubierta de hierba:** Si deseas proteger el suelo, ¡el mantillo de césped es el camino a seguir! Esta medida ayuda a absorber líquidos, mantener la temperatura y aun así hacer que el área sea más atractiva.
Para hacer esto, debes limitar el espacio y colocar el césped alrededor del perímetro del jardín. Luego se extiende una fina capa de tierra fertilizada en la

superficie y se riega como de costumbre. También es importante evitar caminar sobre el césped, ya que éste tarda en adaptarse al suelo. Lo ideal es que no haya movimiento durante al menos 15 días. ¡De esta manera, sus áreas verdes tendrán la oportunidad de crecer más fuertes y nutritivas para el invierno y el resto del año!

• **Elimina plagas y hojas muertas:** ¡Finalmente, tu jardín debe mantenerse lo mejor posible! Comienza por inspeccionar la maceta, limpia la suciedad y el moho alrededor del recipiente y verifica si hay hojas muertas, ramas rotas o guijarros. ¿Has encontrado alguna plaga en tus plantas? Saca lo que se necesita con las manos, incluso las raíces. Si la tierra está húmeda, ¡mejor! De esta forma, podrás mover la suciedad más fácilmente.

Después de la limpieza, trata de ventilar el piso. Agita con un aireador o haz agujeros en la superficie para permitir la entrada de agua y aire. ¡Sigue estos consejos y tu jardín siempre estará hermoso y lleno de vida!

En resumen, la jardinería de invierno puede requerir un poco más de cuidado y que otras estaciones, pero todavía hay muchas maneras de mantener un jardín vibrante y saludable. Con la selección adecuada de plantas, cuidado de las herramientas de jardín y protección de las plantas, puedes disfrutar de un hermoso jardín durante todo el año.

Capítulo 6
Consejos de jardinería para primavera

Pasado el invierno, cuando el jardín está en mal estado, lo primero que hay que hacer es podar y abonar las plantas. La poda elimina las ramas dañadas o muertas, mientras que la fertilización repone todo el material que el suelo pierde durante la estación fría. Para garantizar unas condiciones de desarrollo óptimas y una floración abundante y duradera, las plantas deben disponer de fertilizante suficiente que cumpla unos requisitos nutricionales específicos, es decir, no solo nitrógeno, fósforo y potasio, sino también oligoelementos. Se debe prestar especial atención a la calidad de los fertilizantes utilizados para evitar peligrosas carencias de nutrientes o la presencia de contaminantes como el cloro, que pueden causar daños a las plantas.

Sembrar en primavera

Esta es la mejor temporada para plantar y trasplantar. La gama de opciones es tan amplia que tiene muchas opciones. Si quieres macizos de flores, elige entre las muchas plantas que florecen solo un año. Puedes crear arreglos florales únicos con ellos. Puede elegir entre zinnia, salvia, caléndula africana, bígaro, impaciencia, manzano silvestre enano, prímula, margarita, clavel, geranio silvestre, fleo, pensamiento, campanilla.

Para los amantes de las cebollas la primavera es la época en la que florecen, de hecho, si quieres flores de primavera plántalas en otoño y si las quieres en verano plántalas en primavera. Los bulbos plantados en grupos son impresionantes. Cuando vayas de compras, puedes elegir colores brillantes y contrastantes o elegir combinaciones más sutiles. Las mejores variedades para cultivar de esta manera son: tulipanes, lirios, narcisos, frutillares y jacintos. Ahora es el momento de trasplantar las plantas en el jardín. Mientras tanto, aquellos comprometidos con los jardines de semillas están comenzando a pensar en productos de otoño e invierno: coliflor, coles de Bruselas, repollo, apio o lechuga.

La poda ayuda a estimular el crecimiento de las plantas. Las ramas viejas o enfermas deben podarse: los arbustos y los árboles de hoja perenne generalmente se podan temprano en la temporada. Las rosas deben podarse a principios de la primavera cuando las ramas comienzan a crecer. De hecho, si se poda en otoño, las heladas pueden matar los nuevos brotes y dañar gravemente la planta. Las plantas de contenedor también se pueden podar, eliminando el follaje menos saludable y dándole a la planta más espacio para que pase la luz y el aire.

Lo que caracteriza la jardinería en primavera es:

Tiempo cálido: El clima cálido es ideal para la jardinería de primavera, ya que la mayoría de las plantas necesitan una temperatura mínima para prosperar.

Renacimiento de la vegetación: Después de un invierno largo y frío, la primavera es el momento en que la mayoría de las plantas comienzan a florecer ya crecer.

Suelo fértil: La primavera es el momento ideal para preparar el suelo para la temporada de jardinería. La tierra puede ser labrada, fertilizada y preparada para la siembra.

Consejos de temporada

Los cambios bruscos de temperatura favorecen la reproducción de los parásitos. Si ves pulgones en tu jardín, puedes usar algunos trucos simples para deshacerte de ellos. Lo mejor es pedir información y utilizar remedios naturales antes de tomar la iniciativa. Estos pequeños insectos se encuentran generalmente en hojas y brotes jóvenes. Los métodos de control natural incluyen: uso de enemigos naturales artificiales como mariquitas, o rociado con agua jabonosa o aceite. En casos extremos, se recomienda el uso de insecticidas químicos. La primavera también es el momento perfecto para comenzar a resembrar un césped dañado, lo que debe hacerse esparciendo arena y semillas aquí y allá. También es importante tener en cuenta que la primavera es el momento perfecto para plantar casi cualquier cosa debido al clima templado.

Para esta temporada ten en cuenta:

Planifica tu jardín: Es importante planificar tu jardín antes de la temporada de primavera. Decide qué tipo de plantas quieres cultivar y dónde quieres ubicarlas. También debes tener en cuenta la exposición al sol, la sombra y el drenaje del suelo.

Prepara el suelo: Es el momento ideal para preparar el suelo para la siembra. Puedes enriquecerlo con abono, compost o fertilizantes para asegurarte de que tus plantas tengan los nutrientes necesarios para crecer.

Siembra tus plantas: Es el momento oportuno para generar tus plantas. Siembra semillas directamente en el suelo o trasplanta plántulas que hayas iniciado en interiores durante el invierno. Sigue las instrucciones del paquete de semillas o las recomendaciones del proveedor para asegurarte de plantarlas correctamente.

Riega tus plantas adecuadamente: Las plantas necesitan una cantidad adecuada de agua para crecer y florecer. Riégalas con regularidad, pero asegúrate de no sobrehidratarlas. Si tu zona está experimentando secado, considera instalar un sistema de riego por goteo para asegurarte de que reciban suficiente agua.

Controla las plagas y enfermedades: Las plagas y enfermedades pueden afectar gravemente el crecimiento y la salud de tus plantas. Realiza un control de forma regular y toma medidas preventivas para evitar su propagación.

Mantén el jardín limpio: Mantén el jardín limpio y libre de maleza para que tus plantas tengan suficiente espacio para crecer. Además, la eliminación regular de hojas y ramas caídas puede ayudar a prevenir la propagación de enfermedades.

Cuida tus plantas después de la siembra: Una vez que hayas sembrado, es importante cuidar a tus plantas adecuadamente para asegurarte de que crezcan sanas y fuertes. Asegúrate de seguir las recomendaciones de riego, fertilización y control de plagas y enfermedades para cada tipo de vegetación.

Trasplante: La primavera es el momento perfecto para cualquiera que planee trasplantar plantas de interior. Por lo general, este trabajo se realiza en plantas que llenan completamente todo el contenedor o aquellas que tienen raíces que salen de los orificios de drenaje del contenedor. La replantación debe hacerse cada dos años, porque entonces el suelo pierde su valor nutricional. El trasplante adecuado requiere eliminar el suelo anterior (con raíces secas o dañadas) y continuar introduciendo el suelo correcto. En este punto, puedes colocar la planta en una maceta y asegurarte de que la tierra penetre completamente en las raíces.

El príncipe de las flores de primavera "los geranios": En primavera, los pelargonios comienzan a florecer y crecer magníficamente. Para favorecer esta producción, es necesario abonar las plantas con potasio y fósforo cada 20 días durante la temporada. En cambio, con la llegada del verano es necesaria una suscripción semanal porque las plantas necesitan más nutrientes. Fertiliza hasta 2 veces al mes en otoño e invierno.

Capítulo 7
Consejos de jardinería en verano

Entonces, ¿has trabajado duro en el otoño y la primavera para mantener el jardín hermoso, floreciente y próspero? Claro, la jardinería de verano puede reducirse drásticamente si haces tu tarea, pero tampoco puedes evitarla por completo; pero es limitado, y también depende de lo que quieras en tu jardín. Verduras, bayas, frutas.

Si no hay flores en tu jardín, ahora es el momento adecuado para cosechar tomates, pepinos y calabacines. Si cosechas la fruta regularmente, la planta siempre producirá fruta nueva para que puedas poner energía en cultivarla. Si has cultivado ajo, está maduro cuando el verde se vuelve amarillo. Si estás considerando cultivar fresas en tu jardín, ahora es el momento de plantarlas. Ahora también puedes plantar rábanos, espinacas, puerros de invierno y acelgas para la cosecha de otoño. La jardinería de verano también debe incluir la erradicación de hierbas.

Características de la jardinería de verano

Clima cálido y húmedo: El clima cálido y húmedo es ideal para el crecimiento de las plantas. Sin embargo, el calor excesivo y la sequía pueden afectar la salud de las plantas si no se les da suficiente agua.

Larga temporada de crecimiento: La temporada de crecimiento en verano suele ser más larga que en otras estaciones, lo que significa que las plantas tienen más tiempo para madurar y producir.

Mayor producción de frutas y verduras: Muchas plantas frutales y hortalizas tienen su mejor producción durante el verano. Las plantas de tomate, pimientos y calabacín, por ejemplo, son conocidas por producir grandes cantidades de frutos en verano.

Tareas en verano

Si el follaje de los tulipanes y los narcisos se ha vuelto amarillo y deseas que los bulbos se sequen para el otoño, debes desenterrarlos ahora, pero no es absolutamente necesario. También recorta periódicamente la vegetación muerta para estimular el crecimiento. Las rosas y las plantas perennes en particular producen flores nuevas todo el tiempo. También debes eliminar las azaleas y peonías marchitas. Se recomienda la fertilización para un mejor crecimiento el próximo año.

Si cortas el césped con regularidad, será más frondoso y denso. El riego es esencial cuando se trabaja en el jardín en verano. No regar durante el día, sino preferiblemente por la mañana, para que las plantas absorban bien el líquido. Alternativamente, también puedes regar por la noche. Más veces es mejor que muy pocas veces.

¿Tienes setos? Ahora se pueden recortar para que todo vuelva a la vida. Sin embargo, esta siega es solo para la formación, mantenimiento o eliminación de brotes anuales (los setos no se pueden cortar durante todo el año). MUY IMPORTANTE: ¡Arranca las malas hierbas! Si haces esto con regularidad, no tendrás que esforzarte tanto. Las malas hierbas se arrancan mejor de raíz para evitar el retraso del crecimiento. Si tienes bayas en tu jardín, como grosellas o fresas, ahora es el momento de cosecharlas. ¡Buen provecho!

La jardinería es un pasatiempo divertido para el jardinero, especialmente en el verano, ya sea que tengas un jardín delantero o un gran jardín en la terraza. La temporada de cosecha comienza en verano. Ya sean remolachas, colinabo, lechuga, rábanos, remolachas o guisantes, todos están maduros. La jardinería de verano es diferente de la jardinería a principios de primavera o finales de otoño. En la mayoría de los jardines, las plantas ahora están en plena floración, y los jardineros domésticos ahora tienen que regar, cuidar y cosechar regularmente, así como quitar las flores marchitas. Si haces esto en el calor del verano, tus macizos de flores se verán hermosos durante todo el verano.

Césped

Los pastos son los primeros en sufrir el calor prolongado. Continúa cortando regularmente, pero ajusta la cortadora de césped a una altura de corte más alta. Los céspedes bajo tales condiciones de calor son limitados en su capacidad de recuperarse de la siega y pueden ser dañados aún más. En su lugar, corta la hierba después de que llueva o riega después del corte para que la hierba recupere humedad.

Como regla muy usada, el césped se debe cortar con mayor frecuencia en verano (1 vez por semana aproximadamente) y durante las estaciones de primavera y otoño, 2 o 3 veces al mes es suficiente. Pero en invierno las cosas cambian y la frecuencia de corte debe reducirse o prácticamente ser nula.

Es muy importante que la altura del corte no pase de los 5 cm, aproximadamente. Aunque esta medida puede ir variando según el tipo de pasto que hayas plantado, por ejemplo, si determinamos la altura según el tipo de césped:

•   De 6 a 7,5 cm para el césped variedad Gramón o Grama de San Agustín
•   De 4 a 4,5 cm para el césped variedad Cynodon Dactylon o Bermuda.
•   A 7,5 cm para el césped variedad Cañuela alta o Hierba azulada.

Deja los recortes en el césped de vez en cuando para que se transformen en abono natural.

Las plantas de jardín y algunas plantas perennes de floración temprana necesitan una poda adecuada después de la floración para que se vean más prolijas. Los arbustos de flores de hoja caducan también se cortan al tamaño deseado después de la floración.

Hoy en día, siempre hay frutas y verduras en el jardín esperando ser recolectadas. Si continúas plantando ahora, puedes extender significativamente su tiempo de cosecha. Las hortalizas de fruto, como los frijoles y las calabazas, requieren un riego abundante durante la floración para producir frutos correspondientemente grandes. Regar un jardín completo puede ser uno de los trabajos más estresantes en un día caluroso. Las plantas en macetas, en particular, pueden quedarse sin agua en cuestión de horas en un día caluroso y soleado de verano. Cosecha las verduras tan pronto como estén listas para cosechar. Revisa las papas para ver si tienen podredumbre marrón. Las papas de refrigerador se pueden cultivar para la cosecha de otoño. Comienza a cultivar vegetales de invierno. Después de la cosecha, los lechos de fresas se endurecen y las hojas que no se necesitan para la propagación se cortan.

Consejos importantes

Regar adecuadamente: Es importante asegurarse de que las plantas tengan suficiente agua durante la temporada de verano. Ellas necesitan agua periódica, especialmente durante los días calurosos y secos. Riega tus plantas temprano en la mañana o en la tarde para evitar que se evapore demasiado rápido.

Fertilizar periódicamente: Las plantas necesitan una cantidad adecuada de nutrientes para crecer y florecer. Fertiliza tus plantas periódicamente con un abono orgánico o inorgánico para asegurarte de que tendrás suficientes nutrientes.

Controlar las plagas y enfermedades: Las plagas y enfermedades pueden afectar gravemente el crecimiento y la salud de tus plantas. Realiza un control de ellas en forma regular y toma medidas preventivas para evitar su propagación.

Poda y cuidado: La poda regular de las plantas ayuda a mantener su forma y promueve un crecimiento saludable. Elimina las ramas muertas o enfermas y mantén el jardín limpio y ordenado.

Proteger del calor excesivo: El calor excesivo puede ser perjudicial para las plantas. Protege tus plantas del sol directo y asegúrate de que tengan suficiente sombra y agua para mantenerse saludables.

Cosecha periódica: Si estás cultivando verduras u otras plantas comestibles, cosecha periódicame para mantener la producción de la planta y evitar que se deteriore.

Mantener el suelo sano: El suelo es el medio que provee los nutrientes necesarios para las plantas. Mantén el suelo saludable y fértil utilizando técnicas como la rotación de cultivos y la aplicación regular de abonos orgánicos.

En resumen, la jardinería de verano puede ser muy gratificante, ya que las plantas crecen rápidamente y producen una gran cantidad de frutas y verduras. Para asegurarte de tener un jardín saludable y productivo, es importante cuidar adecuadamente, fertilizar periódicamente, controlar las plagas y enfermedades, y cuidar el suelo

Capítulo 8
Paisajismo

Planificar su primer jardín es el sueño de un jardinero aficionado hecho realidad. Mucha gente se dirige a un centro de jardinería para comprar plantas justo después de una evaluación rápida de una nueva propiedad. ¡Pero detente! Antes de comenzar, haz un plan detallado para tu futuro retiro. Esta es la única forma de crear un todo armonioso a partir de las muchas opciones, incluso si no tienes experiencia en jardinería.

El paisajismo en jardinería hogareña: consejos y recomendaciones

El paisajismo es una técnica de diseño que se enfoca en crear espacios armoniosos y bellos mediante la disposición de elementos naturales y artificiales en un área determinada. En la jardinería hogareña, el paisajismo se utiliza para crear jardines que no solo son estéticamente agradables, sino también funcionales y que se ajustan a las necesidades de los habitantes de la casa.

A continuación, te presentamos algunos consejos y recomendaciones para aplicar el paisajismo en tu jardín:

Planifica tu jardín: Antes de empezar a plantar, es importante tener una idea clara de lo que se quieres lograr en el jardín. Piensa en el estilo de jardín que te gustaría tener, los colores que prefieres, el tipo de plantas que quieres incluir y la distribución que tendrán en el espacio disponible.

Considera el clima y la luz: Antes de elegir las plantas, debes tener en cuenta el clima y la cantidad de luz que recibe tu jardín durante el día. Si recibe mucho sol, elige plantas que puedan tolerar altas temperaturas y sequedad. Si tu jardín tiene mucha sombra, opta por plantas que se desarrollen bien en esas condiciones.

Crea un punto focal: Un punto focal es un elemento en el jardín que atrae la atención y le da un toque especial. Puede ser una fuente, una escultura, una pérgola, una planta grande o cualquier otro elemento que te guste y que sea adecuado para el espacio que tienes disponible.

Cuida la proporción: Es importante que los elementos que incluyas estén en proporción al espacio disponible. Si tienes un jardín pequeño, no incluyas elementos grandes que lo hagan sentir aún más pequeño. Si tienes un jardín grande, asegúrate de que los elementos que incluyas sean lo suficientemente magnos para llenar el espacio.

Añade variedad: Una de las claves del paisajismo es la variedad. No te limites a plantar solo flores, sino que incluye plantas con diferentes texturas y colores para crear un efecto visual interesante. También puedes incluir elementos como rocas, piedras, madera, entre otros, para añadir variedad y textura.

Mantén el jardín limpio y ordenado: Por último, para mantener tu jardín en buen estado, es importante que lo mantengas limpio y prolijo. Elimina las malas hierbas, recorta las plantas que lo necesiten y mantén la zona libre de desechos y hojas secas.

Medir y planificar

En principio, la planificación de jardines no es ciencia espacial. Cualquiera puede dibujar bocetos significativos con un poco de paciencia y voluntad de experimentar. Rara vez el primer borrador es un éxito, pero con cada uno de ellos te acercas un paso más al jardín de tus sueños. Primero, se hace un inventario. Para ello, ve al jardín con una cinta métrica (de al menos 20 metros de largo) y toma las distancias principales, que son el largo de la propiedad y de la casa, también la distancia desde la esquina de la casa hasta el borde del jardín. También puedes obtener las dimensiones de tu plano de propiedad si está disponible. Asegúrate de hacer un boceto antes de comprar una planta.

Las líneas de propiedad y los planos de construcción se transfieren a papel cuadriculado a escala real. Si el jardín ya está establecido, también se deben ingresar todas las plantas y objetos en el jardín que deben conservarse. Consejo: no tales un árbol viejo demasiado rápido. Son un andamiaje valioso para los jardines, por lo que la gente tiene que esperar décadas para tener un ejemplar así. Pero si los árboles son demasiado grandes o están en peligro de romperse, por lo general es imposible evitar talarlos.

Las ideas

La mayoría de las veces tenemos una idea en la cabeza de lo deseamos que sea nuestro jardín, y lo comparamos con los de nuestros vecinos. Sin embargo, por más que lo tengamos en nuestra imaginación, a veces es difícil explicárselo a otra persona.

Para ello, es importante buscar en Internet imágenes de jardines que se acerquen a nuestros deseos. Al ver múltiples imágenes de paisajes, podrás definir e identificar claramente lo que estás buscando. Incluso si no sabes cómo hacer paisajes, estas imágenes te darán mucha inspiración para comenzar.

Algunas de las desventajas de tratar de usar fotos de paisajes como ayudas de visualización y diseño son que debes considerar cuidadosamente las diferencias claves entre tu situación y la situación de la casa de la foto. Estas fotos generalmente se toman bajo cielos azules claros y todo está en flor. Pero esa casa se verá completamente diferente en invierno. También puede estar en un clima muy diferente al de tu hogar; y, a menudo, es posible que las plantas que ves en las fotos del jardín no crezcan en tu clima. Por eso es importante que puedas identificar las diferentes plantas, arbustos y flores que verás en esas fotografías de paisajes. Además, ten cuidado con los diseños que se centran en un patio o porche y que, si lo repites, es posible que no tengas espacio para construir lo demás. Asegúrate de que lo que plantes no sea demasiado grande para tu jardín.

Encontrar una casa como la tuya puede ser una tarea que requiere mucho tiempo. Realmente, la única forma de hacer esto es sentarse y leer varias de estas publicaciones y mirar muchas imágenes de paisajes hasta que encuentres una que se vea bien. Recuerda que un diseño que se ve bien en el paisaje de una casa grande puede no verse bien en una casa pequeña. Notarás que muchas de las fotos de paisajes que ves incluyen fotos de piscinas y patios. El paisajismo debe construirse alrededor de este accesorio, y si no tienes unos, el diseño de tu jardín nunca se verá bien. Las fotos de paisajes pueden darte algunas buenas ideas, pero solo si la casa y el jardín son muy similares a los tuyos.

Si acudes a un profesional, siempre asegúrate de que no importa qué tan profesional sea el paisajista que elijas, este te mostrará una variedad de imágenes de paisajes desde el principio. Esto te ayudará a ver cómo el profesional tiene una idea de cómo se verá tu hogar cuando el diseño esté completo. Estas fotos te ayudarán a elegir el paisajista adecuado para el trabajo, ya que las imágenes que retratan te dirán más sobre ellos, sobre su imaginación y lo que pretenden hacer.

Nunca olvides preguntarle a tu arquitecto paisajista sobre las diferentes fotos de paisajes que haya tomado en sus trabajos pasados. Suelen ser proyectos terminados que te dan una idea de lo que puede hacer un arquitecto paisajista en tu jardín.

Crea una lista de deseos

Después de la primera fase de planificación bastante relajada, ahora viene la parte más importante: la lista de deseos. Para hacer esto, suspende la planificación del almacenamiento por un momento y anota todas las cosas que no debes perderte en el futuro jardín de sus sueños. Esta lista suele ser demasiado larga para cubrir todo, pero evitará que te despidas de tus sueños demasiado pronto. Por ejemplo, incluso en un jardín pequeño, se debe considerar la necesidad de un estanque de jardín, incluso si más adelante solo se planea una fuente en miniatura o colgada en la pared. Lo mismo ocurre con elementos lujosos como pérgolas o piscinas. Solo si consideras el espacio que necesitas desde el principio, puedes agregarlos fácilmente más adelante. Por otro lado, si no los planificas, es posible que necesites un rediseño o una limpieza costosa en el futuro.

Colocar elementos de jardín

No escatime en accesorios cuando planifique tu jardín: desde macetas para pájaros hasta terrarios en macizos de rosas, las posibilidades para establecer un punto focal específico son infinitas.

Si te gusta el esquema, comienza a planificar en detalle. En esta etapa, puede que la idea original vuelva a ser cuestionada y criticada. Ahora es el momento de decidir el estilo de tu jardín. Muchos macizos de rosas y de plantas perennes deben planificarse como un romántico sector de la casa de campo, mientras que los jardines formales se caracterizan por caminos rectos y setos recortados.

Pero no sólo el estilo es decisivo. El jardín también debe ser práctico, por ejemplo, en cuanto a caminos o la ubicación de la caseta de herramientas. Si tu plan de jardín original no cumple con estos criterios, debes dar un paso atrás y rediseñar. También determina la ubicación exacta y el tamaño de los elementos del jardín. Ahora debes tomar las decisiones finales sobre los materiales, desde los adoquines hasta las cercas del jardín.

Selección de plantas

La parte más difícil de la planificación detallada es la selección de plántulas. Antes de comenzar a planificar la ubicación de ellas, analiza las condiciones de iluminación con la mayor precisión posible. Comprueba qué áreas del jardín reciben pleno sol todo el día, cuáles están parcialmente sombreadas por los árboles y qué áreas del jardín reciben menos luz solar. Hay una gran selección de plantas para adaptarse a tus colores favoritos. También trata de hacer coincidir los tiempos de floración y los colores del follaje para que el jardín esté verde y florezca en todas las estaciones, con árboles de hoja perenne y flores de invierno incluso en los meses más fríos.

Encontrar un lema de diseño

Como nuevo propietario de un jardín, puede ser difícil elegir plantas debido a la gran selección de centros de jardinería. Reunir las plantas sin un plan a menudo da como resultado resultados decepcionantes y un jardín desordenado. Será más armonioso si creas una temática con una planta única o principal, como una rosa, para un sector o para todo el jardín. Primero, haz una lista de tus rosas favoritas. Así que busca plantas compañeras que coincidan en color y hábito de crecimiento, como espuelas de caballero, hierba gatera o hierba del cabo. Para estilos de jardín específicos, como jardines campestres o jardines naturales, también se pueden combinar grupos de plantas típicas para ayudar a definir el carácter del jardín. Por cierto: El dicho también se aplica a la planificación de la industria de la plantación: "Es mejor copiar un buen diseño que uno malo". Encontrarás parterres ingeniosamente diseñados (parterres de flores) en exhibiciones de jardines botánicos. Pero un jardín de vecindario o un jardín de exhibición en un centro de jardinería local también suele ser una buena fuente de inspiración.

Definir el término color

La coordinación de los colores de las flores es de gran importancia, porque no todos los tonos concuerdan entre sí. Demasiados colores pueden hacer que un sector de flores se vea irregular rápidamente. Por otro lado, un sector con dos colores contrastantes y de diferentes tonos de claro a oscuro se ve inusualmente noble. Los degradados de color de amarillo a naranja a rojo oscuro o de azul claro a púrpura oscuro también son atractivos. Estos tonos están uno al lado del otro en la rueda de colores. Si combinas tonos que son opuestos entre sí en la rueda de colores, como naranja y azul o púrpura y amarillo, obtiene una imagen de jardín de alto contraste.

Otra opción es una combinación de tres colores, entre los cuales la combinación de rojo, amarillo y verde tiene el efecto más claro y puro. Es por eso que las plantas ornamentales frondosas son tan importantes en el diseño. Actúan como intermediario entre los colores vivos de las flores. La influencia de los colores también debe tenerse en cuenta al planificar. Entre colores cálidos se destaca el naranja, y entre los colores fríos, el azul. Las flores amarillas irradian felicidad, las rojas simbolizan el temperamento y el entusiasmo y se ven inquietas.

Las piedras

Hay varias razones por las que la piedra del paisaje es necesaria en el diseño general. Por supuesto, la razón más obvia es agregar belleza a todo lo demás. Otra razón para usar estas piedras de jardinería es mantener capas bonitas que son difíciles de lograr sin ellas. Estas piedras agregarán profundidad a tu jardín sin esfuerzo.

En las tiendas de jardinería (pero también en las de construcción) encuentras piedras decorativas de distintos tamaños, pero por lo general son pequeñas, no más allá de una palma de la mano, como las "piedras bolas" "canto rodado" o las "piedras tejo".

Puedes utilizar estas piedras para personalizar y decorar tu jardín. Esto también puede incluir el crecimiento de follaje entre ellas. La piedra decorativa se ve muy bien entre los muebles de jardín y alrededor de áreas cercadas. También agregan color a tu jardín ya que estas piedras vienen en diferentes colores. En invierno, notarás una diferencia donde la terraza parecería muy desnuda, y estas piedras embellecerán el entorno. Las piedras de paisaje seguramente refrescarán tu zona verde. La piedra del paisaje viene en todas las formas, ya que no hay escasez de variedades. Al elegir estas piedras en diferentes tamaños y colores, puedes crear diferentes efectos en tu jardín. Lo que sea adecuado para tu jardín dependerá de la estructura y el diseño del mismo.

La piscina

El paisajismo de la piscina seguramente hará que tu piscina sea espectacular. No solo convertirá un parche aburrido en uno repleto de estrellas, sino que también le dará un toque de Hollywood a tu jardín. Para patios más grandes, considera una llamativa pasarela de ladrillos hacia el patio alrededor de la piscina. Este concepto también se puede extender a otras partes del espacio verde. ¡Los muebles de jardín junto con las mesas y las sillas se pueden colocar encima de un piso de ladrillos para lograr una excelente apariencia!

También considera agregar algo de vegetación al paisaje de tu piscina. El follaje agrega el oxígeno necesario y elimina el aspecto de piedra caliza de la imagen. También se recomienda colocar algunas piedras ornamentales alrededor de las plantas y en el borde del patio para darle un toque agradable al diseño general del paisaje. Las rocas pequeñas y puntiagudas traerán otra capa de asombro a su paisaje que significa grandeza.

Por su parte, las flores coloridas también hacen maravillas al dar un aspecto deslumbrante. Si tiendes a pasar mucho tiempo alrededor de tu piscina, especialmente de noche, entonces las plantas que florecen de noche como la "dama de noche" te convienen. Siempre se recomienda empezar a diseñar este tipo jardín de piscinas lo antes posible. Si bien la mayoría se puede hacer por tu cuenta, algunas áreas requieren ayuda profesional. No hay duda de que tus conocidos se sorprenderán al conocer el paisaje de tu piscina. Entonces, ¿por qué no comenzar a implementarlo ahora?

La selección de plantas dependerá de tu alberca, ubicación, paisajismo existente y otros factores. Si tu piscina está sobre el suelo, usarás plantas completamente diferentes a las que usaría en un paisaje de piscina enterrada. En particular, los árboles, los arbustos e incluso las plantas más pequeñas deben mantenerse alejados de las piscinas enterradas, ya que las raíces pueden crecer y desgarrar el concreto, causando fugas en la piscina que son difíciles de reparar. La mayoría de los modelos enterrados tienen algún tipo de valla de privacidad, y las plantas y los árboles deben seleccionarse y colocarse fuera de este perímetro

Es posible que las plantas para una piscina cubierta deban ser de hoja perenne porque las hojas de las plantas de hoja caduca se acumulan en la piscina. Incluso algunos árboles de hoja perenne, especialmente aquellos con agujas, pueden atraer hojas a la piscina y potencialmente obstruir el filtro. Todas las plantas colocadas junto a la piscina deben ser lo más simples y robustas posible. La mayoría de las flores y plantas anuales no pueden resistir los efectos del agua de la piscina debido al cloro que contienen. También se deben evitar las enredaderas de cualquier tipo, ya que pueden causar los mismos problemas que las raíces de los árboles y tienden a apoderarse de cualquier espacio abierto al que puedan llegar.

Fuera de las cercas, tienes más flexibilidad para elegir plantas, pero recuerda que la mayoría de las flores y plantas anuales, aunque a menudo son muy hermosas, requieren más trabajo para mantenerlas y volver a plantarlas cada año. Trata de evitar plantas que crezcan más altas que la cerca alrededor de su piscina, porque si crecen en la cerca, sus hojas caerán en tu piscina. Pequeños racimos de flores enanas colocados estratégicamente realmente pueden animar el jardín de tu piscina sin demasiado trabajo adicional para mantener. Los arbustos pueden aumentar la altura aparente de una cerca, pero deben recortarse por debajo de la parte superior de la cerca. No olvide que algunas flores y plantas atraen insectos voladores, que pueden ser no deseados y, si son particularmente molestos, pueden interferir con el disfrute de la piscina para ti y tus invitados.

Lluvia y nieve en el paisaje del jardín

Si eres bueno en jardinería, querrás asegurarte de que tus plantas queden bien regadas cuando llueva. Si el paisaje está configurado para regar, el agua alimenta todo el follaje del jardín. Este mecanismo se puede implementar para mantener un equilibrio teniendo en cuenta los niveles de lluvia en diferentes épocas del año.

La nieve es otra cosa que hace que tu jardín sea aún más importante. Al considerar el paisajismo profesional, la nieve es tan importante como la lluvia. Además de regar tus plantas, también ayuda a mantener el suelo caliente a pesar de su efecto refrescante. Además, en la primavera, los bulbos aparecerán con una apariencia y colores maravillosos, lo que se sumará a la belleza de tu jardín y paisaje.

Cuando llueva, solo asegúrate de que el agua quede nivelada en todo el jardín, y no se concentre en depresiones que no hayas emparejado. Esto es esencial para el paisajismo general planificado. Todo lo que tienes que hacer es caminar por el patio cuando empieza a llover y notar en donde se concentran los charcos.

Ideas para el paisajismo del patio trasero

• Árboles de hoja perenne: se ven bien todo el año

Estos tipos de árboles y arbustos permanecen bellamente verdes durante todo el año. Aunque los árboles de hoja caduca como los arces y los robles son hermosos en primavera y verano y deslumbrantes en otoño, pueden hacer que su paisaje se vea estéril y sin vida en invierno. Algunos de estos árboles y arbustos son:
- La Acacia baileyana, conocida como mimosa.
- El Quercus suber, conocido comúnmente como alcornoque
- El Cupressus sempervirens
- El olivo es el árbol mediterráneo por excelencia
- El algarrobo (Ceratonia siliqua)
- La Magnolia grandiflora, conocida comúnmente como magnolia o magnolio.
- El pino silvestre.
- El Cedrus libani o cedro del Líbano.
- El árbol botella o Brachychiton populneus
- El Árbol de fuego o Grevillea robusta

• Hardscape - marco de paisaje

Hardscape incluye cosas como cercas, rocas, piedras de jardinería y fuentes. Casi todo lo que no crece y que usa en el paisaje de su patio trasero es un paisaje duro. El truco consiste en usar hardscape en armonía con los árboles y las plantas en las ideas de paisajismo de tu patio trasero. Por ejemplo, puedes tener columnas de piedra que formen un arco. Se ve especialmente bien con enredaderas de hoja perenne en postes para mantener vivo el paisaje del patio incluso en invierno. Usa tu imaginación e intenta imaginar cómo se vería tu idea de paisaje en diferentes épocas del año.

• La clave está en "todo el año"

Al desarrollar cualquier idea de paisajismo de jardín, lo más importante que debes recordar es que debe verse bien durante los 365 días. El uso inteligente de árboles de hoja perenne y paisajes duros, así como de flores más tradicionales y árboles de hoja caduca, puede hacer que el paisaje de su patio trasero sea hermoso en cualquier época del año.

• Muros y cercas por todos lados

No olvides usar paredes y cercas en el diseño de jardines. Cuando se usan correctamente, las paredes y las cercas pueden significar la diferencia entre un rincón de paisaje acogedor y un paisaje de patio trasero abierto y estéril. ¡No te pierdas las vides aquí tampoco! Sombrear con enredaderas o simplemente exponer debajo de una pared de enredaderas puede marcar una gran diferencia en el aspecto general de la idea de paisajismo de tu patio trasero.

Paisajismo en laderas - ¡Haz que las laderas se vean más hermosas!

Si vives en un árca montañosa, es posible que tengas pendientes pronunciadas en tu jardín. Estas pueden ser un desafío para el paisaje o incluso temer a perder el control del cortacésped en una pendiente cuesta abajo. Pero no importa cuán empinada sea tu pendiente, puedes cultivarla.

Al considerar un proyecto de paisajismo en la ladera, una de las primeras cosas a considerar es la seguridad. Si tienes una pendiente pronunciada, puedes caerte fácilmente. Si tiene colinas muy empinadas, es mejor que los profesionales realicen el paisajismo, o al menos crear un patio para que tengas áreas planas para trabajar y disfrutar. Pero si la colina no es tan empinada, por lo general puedes hacer el paisajismo por ti mismo.

Comienza observando cuidadosamente el terreno, la forma y la ubicación. Asegúrate de considerar el flujo general de la tierra y su relación con el resto de su propiedad.

Por ejemplo, si hay una ladera frente a la casa, puedes crear algunas formas realmente hermosas para tu hogar. Mira la calidad del suelo. ¿Está húmedo o seco? ¿Arena o arcilla? Cierta cantidad de enmienda del suelo mediante la adición de buena tierra puede ser necesaria para que las plantas prosperen. Trata de olvidarte de las plantas pequeñas y siembra algunos arbustos en su lugar. Los arbustos tienden a ser muy resistentes y no requieren mucha poda durante la mayor parte del año. Los proyectos de jardinería en una ladera pueden requerir más arbustos que crezcan horizontalmente que verticalmente.

Puedes elegir patrones lineales simples o algunas líneas curvas. Procura que todo se mezcle bien para que el efecto general sea armonioso.

Capítulo 9
Control de plagas y fertilizantes

Las plagas más comunes y como combatirlas

Pulgones: Son insectos pequeños que suelen aparecer en las hojas y tallos de las plantas y chupar la savia de las mismas, debilitando la planta. Se pueden combatir con insecticidas naturales, como el aceite de neem o el jabón insecticida.

Orugas: Son larvas de polillas o mariposas que se alimentan de las hojas de las plantas, dejando agujeros y debilitándolas. Se pueden combatir con insecticidas específicos para orugas o con trampas de feromonas para polillas.

Caracoles y babosas: Son moluscos que se alimentan de las hojas de las plantas, dejando agujeros y rastros de baba. Se pueden combatir colocando trampas con cerveza o utilizando un repelente a base de hierro.

Araña roja: Es un ácaro que se alimenta de la savia de las plantas y que produce una telaraña fina sobre ellas. Se pueden combatir con un insecticida específico para ácaros o con un lavado con agua y jabón insecticida.

Mosca blanca: Son insectos pequeños que se alimentan de la savia de las plantas y que producen una melaza que atrae a otros insectos. Se pueden combatir con un insecticida específico para mosca blanca o con un lavado con agua y jabón insecticida.

Escarabajos: Son insectos que se alimentan de las hojas y flores de las plantas y pueden causar daños significativos. Se pueden combatir con insecticidas específicos para escarabajos o con trampas con feromonas.

Hormigas: Aunque no son dañinas directamente, pueden atraer a otros insectos y protegerlos de los depredadores naturales. Se pueden combatir utilizando cebo o insecticidas específicos para hormigas.

Trips: Son insectos pequeños que se alimentan de las hojas y flores de las plantas y pueden transmitir enfermedades. Se pueden combatir con insecticidas específicos para trips o con trampas de feromonas.

Áfidos: Son insectos pequeños que se alimentan de la savia de las plantas y pueden transmitir enfermedades. Se pueden combatir con insecticidas naturales, como el aceite de neem o el jabón insecticida, o con un lavado con agua y jabón suave.

Moscas minadoras: Son moscas que ponen sus huevos en las hojas de las plantas y las larvas que nacen de estos huevos se alimentan del tejido de las hojas, creando túneles o galerías. Se pueden combatir con insecticidas específicos para moscas minadoras.

Araña blanca: Es un ácaro que se alimenta de las hojas y produce una telaraña fina sobre ellas. Se pueden combatir con un insecticida específico para ácaros o con un lavado con agua y jabón insecticida.

Cochinillas: Son insectos pequeños que se alimentan de la savia de las plantas y pueden debilitarlas y dañarlas. Se pueden combatir con un insecticida específico para cochinillas o con un lavado con agua y jabón insecticida.

Métodos caseros para combatir las plagas

El caldo bordelés

Es una mezcla de sulfato de cobre y cal apagada inventada por enólogos de la región de Burdeos en Francia, conocida localmente como Bouillie Bordelaise. Se utiliza principalmente para el control de hongos en jardines, viñedos, invernaderos y ataques de hongos en general. También es eficaz contra las bacterias parásitas y es resistente a ser arrastrado por la lluvia. Cuando se prepara adecuadamente, se adhiere a la superficie de la planta. Los ingredientes para hacer el caldo bordelés son: sulfato de cobre e hidróxido de calcio (cal apagada).

Para obtener los mejores resultados, la mezcla debe realizarse en el momento de su uso, ya que, si el preparado es incorrecto o manufacturado durante más de 2 a 3 horas, la mezcla perderá las propiedades adhesivas y puede causar daños.

Use sulfato de cobre e hidróxido de calcio (cal apagada) para preparar la mezcla; El óxido de calcio (cal de piedra caliza) también se puede usar. En este caso, la fórmula requiere menos productos (la cantidad exacta debe verificarse con papel de pH). Por otro lado, el carbonato de calcio (cal agrícola) es completamente insatisfactoria y no debe usarse en esta fórmula.

El sulfato de cobre debe estar en forma de polvo fino o pequeños cristales que se disuelven casi inmediatamente en agua fría. El sulfato de cobre también existe en cristales gruesos, pero estos se disuelven más lentamente o requieren agua caliente.

El sulfato de cobre debe disolverse en recipientes de madera, arcilla, vidrio, plástico o cobre, en ningún caso en recipientes de hojalata o hierro galvanizado. Debe almacenarse en un lugar fresco y seco. Tenga cuidado y cierre el envase abierto con cuidado para que no absorba la humedad del aire y forme aglomerados o cristales insolubles de gran tamaño.

Ingredientes para un litro de caldo bordelés
-       1 Litro de agua
-       10 gramos. de cal
-       10 gramos. de sulfato de cobre

Pasos para preparar el caldo Bordelés:

-Poner la cal con un poco de agua y batir bien hasta que disuelva: Lo mismo hacer en otro recipiente con el sulfato de cobre. No usar recipientes metálicos ni de pvc.

-Se agrega primero la cal al agua y luego el cobre, nunca al revés.

-Una vez mezclado la cal y el sulfato de cobre está listo hacer la prueba para corregir el pH el cual debe ser entre 6 y 7.

-Cuando se realice la labor de poda se impregna bien la zona donde se realizó el corte de la rama con la ayuda de una brocha para facilitar su cubrimiento

-Nunca lo aplique en la tierra ya que el cobre mata los microorganismos.

Otros métodos caseros para combatir las plagas

• **Aceite de neem**: el aceite de neem es un insecticida natural que se puede usar para controlar una variedad de plagas de jardín, incluyendo ácaros, pulgones, cochinillas y escarabajos. Para hacerlo, mezcle 2 cucharadas de aceite de neem con 1 litro de agua y aplícalo en las plantas afectadas.

• **Ajo y cebolla**: el ajo y la cebolla tienen propiedades insecticidas naturales que pueden ayudar a controlar las plagas de jardín. Para hacerlo, mezcle una cabeza de ajo y una cebolla en una licuadora con agua y aplique la mezcla en las plantas afectadas.

• **Jabón insecticida**: el jabón insecticida es una forma efectiva de controlar plagas como pulgones, ácaros y cochinillas. Para hacerlo, mezcle 1 cucharada de jabón líquido suave con 1 litro de agua y aplique la mezcla en las plantas afectadas.

• **Vinagre blanco**: el vinagre blanco es un desinfectante natural que también puede ayudar a controlar las plagas de jardín. Para hacerlo, mezcle partes iguales de vinagre y agua y aplique la mezcla en las plantas afectadas.

• **Trampas para insectos**: las trampas para insectos son una forma efectiva de controlar las plagas que afectan las plantas, especialmente para insectos voladores como moscas blancas y mosquitos. Puedes hacer trampas caseras usando una botella de plástico cortada en dos, con la parte inferior invertida en la parte superior y una solución pegajosa y dulce en el interior.

• **Tierra de diatomeas:** la tierra de diatomeas es un polvo fino hecho de diatomeas fosilizadas que se utiliza como insecticida natural. Este polvo mata a los insectos por deshidratación, y se puede esparcir alrededor de las plantas afectadas para combatirlos. Es importante elegir la tierra de diatomeas de grado alimentario, ya que es segura para las plantas y los animales.

• **Aceite de menta**: el aceite de menta es otro insecticida natural que puede ser efectivo para controlar plagas como mosquitos, hormigas y arañas. Para hacer un repelente de insectos con aceite de menta, mezcle 10 gotas de aceite de menta con 1 taza de agua y rociela solución en las áreas afectadas.

• **Cáscaras de huevo**: las cáscaras de huevo son ricas en calcio y otros nutrientes que pueden ser beneficiosos para las plantas, y también pueden ayudar a controlar las plagas del jardín. Para hacerlo, muele las cáscaras de huevo y espolvorea el polvo alrededor de las plantas afectadas para desalentar a los insectos y otros animales.

Plantas repelentes de insectos: algunas plantas pueden repeler naturalmente a ciertas plagas del jardín. Por ejemplo, la caléndula, la menta y el romero pueden ayudar a ahuyentar hormigas, mientras que la albahaca y la citronela pueden ahuyentar mosquitos. Agrega estas plantas en tu jardín para ayudar a mantener las plagas a raya.

Agua y aceite de oliva: mezcla 1 cucharada de aceite de oliva y 1 cucharada de jabón líquido en 1 litro de agua y rocía la mezcla en las plantas afectadas. Este remedio puede ayudar a combatir plagas como los ácaros y las cochinillas.

Insectos: Insectos como las mariquitas "Vaquitas de San Antonio" son grandes devoradoras de los pulgones. Estos nobles y bellos insectos se compran en las jardinerías.

Bacillus thuringiensis (BT): el BT es una bacteria que se puede utilizar como insecticida natural para controlar las plagas de jardín como orugas y gusanos. Se encuentra en forma de polvo y se puede mezclar con agua y aplicar a las plantas afectadas.

Cebolla y pimiento: la cebolla y el pimiento tienen propiedades insecticidas que pueden ayudar a controlar las plagas. Para hacer un insecticida casero, mezcla media cebolla y medio pimiento en una licuadora con agua y aplica la mezcla en las plantas afectadas.

Aceite de eucalipto: el aceite de eucalipto es un repelente natural que puede ayudar a mantener una raya a las plagas de jardín. Mezcla 1 cucharada de aceite de eucalipto con 1 litro de agua y rocía la solución alrededor de las plantas afectadas.

Cerveza: la cerveza se puede utilizar para controlar las plagas de caracoles y babosas. Coloca un poco de cerveza en un recipiente poco profundo y entiérralo al nivel del suelo cerca de las plantas afectadas. Los caracoles y las babosas terminarán por el olor y se ahogarán en la cerveza.

Aceite de ajo: el aceite de ajo es un repelente natural que puede ayudar a mantener alejadas a las plagas de jardín. Mezcla 2 cabezas de ajo en una licuadora con agua y cuela la mezcla. A continuación, mezcle 1 cucharada de la solución de ajo con 1 litro de agua y rocía la solución en las plantas afectadas

Es importante tener en cuenta que estos métodos caseros pueden ser efectivos para el control de plagas en pequeñas cantidades. Si tiene una infestación grande, es posible que necesite recurrir a métodos más fuertes o la ayuda de un profesional en control de plagas.

Fertilizantes

Compost

El compost saludable es esencial en cualquier jardín, ya sea que esté cultivando vegetales o flores. El compost es esencialmente material orgánico descompuesto.

Organismos aeróbicos como insectos, bacterias, hongos y gusanos descomponen materiales como hierba, hojas y algunos desechos de cocina en compost. El compost es muy rico en nutrientes y es igual, si no mejor, que los fertilizantes comerciales para su jardín. Muchos jardineros usan compost porque es gratuito, ecológico y bueno para las plantas. Si puedes ahorrar residuos de cocina, puedes aprovechar la oportunidad de crear tu propio compost. Casi no hay límites para los muchos beneficios del compostaje.

El compost es rico en nitrógeno, fósforo y potasio y definitivamente ayudará a cualquier jardín a prosperar. El compost mejora el suelo y estimula el desarrollo de las raíces. Cualquier jardinero que haya usado compost nunca volverá a usar fertilizante comercial. Después de un corto tiempo de usar abono casero, notará una diferencia en la salud de sus plantas. Si te gusta hacer compost, usa un contenedor de compost. Algunas personas todavía usan contenedores de compost tradicionales, que están abiertos, generalmente contenedores de madera en los que vierten el material de compost. Sin embargo, el proceso de compostaje puede llevar algún tiempo, y los contenedores de compost nuevos y mejorados usan calor y humedad.

Cualquiera puede tener un contenedor de compost, incluso si tiene un pequeño jardín o vive en un apartamento con un gran balcón. El material combinado es lo que pones en un recipiente de compost y eventualmente se convierte en un compost de jardín. Casi todos los materiales orgánicos se pueden usar, generalmente divididos en dos categorías: materiales marrones y materiales verdes. Se dice que el material rico en carbono es marrón, incluidas las hojas secas y la paja. Los materiales ricos en nitrógeno se consideran verdes e incluyen ciertos desechos de cocina como verduras, frutas y pasto. Como puede ver, los materiales compostables están fácilmente disponibles ya que cada propietario tiene suficiente.

Además de tu jardín, uno de los mayores beneficios del compostaje es el medio ambiente. En una época en la que todo es desechable y nuestros vertederos crecen cada segundo, es importante hacer todo lo posible para ayudar a reducir y reciclar. El compostaje es una excelente manera de reducir los desechos y reutilizar algunos materiales. El compostaje es básicamente reciclar desechos y convertirlos en algo que nos guste en nuestros jardines. Las plantas necesitan una nutrición adecuada para prosperar. Demasiado o muy poco suministro puede conducir a una mayor susceptibilidad a enfermedades y trastornos del crecimiento. El fertilizante adecuado puede fortalecer las plantas y reparar los daños existentes. Al fertilizar, es importante mantener el suelo húmedo. La frecuencia siempre depende de la información de lo plantado

Los fertilizantes inorgánicos (fertilizantes minerales) son adecuados en caso de deficiencia de nutrientes, son más fáciles de usar para las plantas que los fertilizantes orgánicos y deben usarse solos, especialmente en caso de deficiencia de nutrientes. Las proporciones relativas de cada nutriente varían en los productos vendidos.

Los componentes importantes son: nitrógeno (N), fósforo (P) y potasio (K). Cuando los fertilizantes contienen los tres elementos, se denominan fertilizantes NPK o fertilizantes compuestos. También puede usar fertilizantes de dos elementos y de un elemento. Dependiendo de la composición, hay fertilizantes que se eliminan rápidamente del suelo, pero también hay fertilizantes de larga duración. Los fertilizantes orgánicos como el compost, el estiércol o las astillas de huesos son más ecológicos porque están hechos de desechos orgánicos (animales o vegetales). Sin embargo, suelen ser fertilizantes nitrogenados enriquecidos o nitrogenados puros. Sin embargo, también existen fertilizantes completos en el mercado. Los fertilizantes orgánicos no pueden ser utilizados directamente por las plantas, sino que primero deben ser descompuestos por microorganismos. Cuanto más gruesa sea la base, más tiempo tardará. Por lo tanto, el fertilizante grueso debe aplicarse en otoño.

• NPK - Componentes completos de fertilizantes

La composición de un fertilizante completo puede afectar el crecimiento, la salud y la abundancia de las flores de tu planta. Cada ingrediente tiene su propia función y puede causar problemas de suministro excesivo o insuficiente.

N = nitrógeno

Este nutriente significa fuerza y crecimiento. Las plantas aman el nitrógeno y lo absorben mejor. Poco: las hojas son amarillas o verde claro - crecimiento muy pobre. Lo mejor: las hojas son de color verde brillante y generalmente crecen demasiado rápido. Demasiado: las hojas se vuelven más grandes y delgadas y la superficie se vuelve suave. Los tallos son fáciles de caer.

P = fósforo

Este nutriente lo necesitan principalmente las plantas con flores y frutos. Si hay demasiado nitrógeno disponible en el suelo, la absorción de fósforo será insuficiente. Poco: La planta tiene poca o ninguna floración y/o fructificación. Ideal: Plantas con flores exuberantes y frutos maduros. Demasiado: el crecimiento se atrofia porque no se absorben micronutrientes importantes.

K = potasio

El nutriente potasio está relacionado con el equilibrio hídrico de la planta y aumenta la estabilidad, la resistencia a las heladas y la resistencia a los insectos chupadores y penetrantes. Poco: crecimiento atrofiado y signos de marchitamiento. Lo mejor: las plantas se ven saludables y crecen rápida y uniformemente. Demasiado: retraso en el crecimiento, necrosis del margen de la hoja, quemadura de raíces, daño en las hojas, retraso en el crecimiento.

Importancia de los valores de NPK en los fertilizantes

Los llamados fertilizantes NPK están disponibles en diferentes formulaciones y los números indican qué nutrientes contienen. Los números de producto expresan la relación entre nitrógeno, fósforo y potasio en porcentaje. Por lo tanto, indica la cantidad de nutrientes en el producto. Los números también indican si se trata de un fertilizante complejo rico en nitrógeno (12 - 4 - 6) o un fertilizante complejo rico en fósforo (11 - 14 - 17). Esta información también es importante para la comparación de precios. Los productos con una mayor concentración de nutrientes son más caros, pero no es necesario usarlos con tanta frecuencia. La cantidad de aplicación g/m2.

La elección correcta: ¿fertilizantes ricos en nitrógeno o ricos en fosfato?
Los fertilizantes ricos en nitrógeno o "abonos verdes" son adecuados para todas las plantas que necesitan un buen crecimiento y un follaje importante. Los ejemplos incluyen pasto, lechuga, repollo o plantas de interior como palmeras y helechos.

El abono fosforado es un "abono de floración" apto para todas las plantas que necesitan florecer y dar frutos. Los ejemplos incluyen frijoles, árboles frutales, bulbos de flores o plantas de interior como anthurium, violetas africanas y clivia.

¿Qué tan útiles son los fertilizantes especiales para ciertos grupos de plantas?

Los macizos de rosas grandes se pueden cuidar bien con un fertilizante especial para rosas.

Los fertilizantes especiales para rosas, césped, cítricos o rododendros son ideales para plantas individuales. Son especialmente útiles si el jardín tiene una gran cantidad de flora específica. En un jardín estándar con muchas plantas diferentes, un fertilizante rico en nitrógeno, fósforo y cal suele ser suficiente. Estos tres productos son una gran manera de pasar su año de jardín.

Por otro lado, los fertilizantes de larga duración se añaden una o dos veces al año. Evitan el "lavado" rápido en el suelo. El fertilizante foliar líquido se absorbe inmediatamente a través de las hojas y la madera.

¿Cómo sé si estoy usando demasiado fertilizante mineral?

En caso de sobredosis severa, las plantas se debilitan poco después de la aplicación. Razón: El fertilizante está en forma de sal, pero la sal extrae el agua de las células de la planta a través de las raíces. Este proceso se llama extravasación. Simplemente proporcionar mucha agua para reducir la salinidad puede ayudar a proteger las plantas. Sin embargo, el resultado es que los nutrientes se filtran al agua subterránea. Por lo tanto, es muy importante calcular con precisión la tarifa de solicitud.

¿Abono en polvo, abono líquido, abono perlado o abono granular?

El fertilizante viene en muchas formas. Pero no todos se aplican a todas las plantas.

Líquido: Se recomienda abono líquido para macetas y abonado semanal de plantas. Los nutrientes son solubles en agua y las plantas los absorben rápidamente, pero desafortunadamente también se transfieren rápidamente del suelo al agua subterránea.

Polvo: los fertilizantes orgánicos en polvo, como la harina de huesos, son rápidamente absorbidos por los microorganismos y entregados a las plantas. Los huesos tardan más en producir nutrientes. El polvo se rocía perfectamente con un rociador, se recomienda usar una máscara contra el polvo con un rociador manual.

Cubierto de resina sintética: Este fertilizante es de larga duración que libera nutrientes al medio ambiente de manera lenta y uniforme. Especialmente indicado para macetas y plantas, también para plantas de exterior. Sin embargo, estos productos tienen un precio elevado. Los nombres de los productos a menudo terminan en "cote".

Perlado/Panular: Los fertilizantes granulares o granulados son especialmente útiles para las plantas de exterior. Con el método de aplicación, es fácil aprender a aplicar la dosis correcta manualmente.

¿Qué pasa con los residuos de fertilizantes?

Después de un tiempo, los fertilizantes líquidos suelen formar cristales que se depositan en el exterior o el interior del cuello de la botella. La eficacia puede reducirse, pero puede seguir usándolos: simplemente mezcle el líquido con agua tibia para disolver los cristales. Lo mismo ocurre con las partículas azules aglomeradas. Los insectos pueden acceder y descomponer bolsas abiertas de fertilizante orgánico, como astillas de hueso. Por lo tanto, es mejor comprar solo una pequeña cantidad para la jardinería de un año. Los residuos de fertilizantes no son basura doméstica y deben enviarse a una estación de reciclaje. Por otro lado, los abonos orgánicos se pueden desechar, por ejemplo, en compost.

Precaución: algunos fertilizantes son tóxicos

Algunos fertilizantes inorgánicos pueden ser tóxicos para animales como perros y gatos. Por esta razón, se recomienda a los dueños de mascotas que utilicen fertilizantes orgánicos.

Uso de posos de café como fertilizante y acondicionador de suelos

Los posos de café (café molido) son un excelente fertilizante para el jardín y pueden mejorar el suelo y el abono usado. El sistema también puede ayudar a combatir los caracoles. Los posos de café se utilizan principalmente como fertilizante para jardines porque contienen muchos componentes valiosos como potasio, nitrógeno, fósforo, taninos y antioxidantes. Estos nutrientes también se encuentran en fertilizantes comerciales.

El requisito básico para su uso es que siempre debe estar muy frío y seco, ya que los posos de café húmedos tienden a enmohecerse. Para ello, coloca los posos de café en un recipiente abierto y déjalos secar.

Fertilizar con café molido

Los posos de café tienen un pH bajo, lo que los hace ideales para fertilizar plantas que requieren tierra de jardín ácida. Las plantas decorativas incluyen, por ejemplo, hortensias, rododendros y camelias. El fertilizante de posos de café también es adecuado para cultivos como pepinos, tomates, calabacines o arándanos y fresas. El nitrógeno en el café molido asegura un fuerte crecimiento del follaje, mientras que el fósforo promueve la floración y la maduración de la fruta. El potasio es importante para la estructura celular y la estabilidad de la planta.

Los posos de café neutralizan el agua de riego calcárea. Para suelos altamente alcalinos y agua calcárea, agregar una o dos cucharaditas de café molido al agua de riego puede hacer maravillas. Neutraliza el nivel de pH mientras fertiliza el suelo. Por otro lado, los posos de café son menos adecuados para regar las plantas de interior, ya que con el tiempo se puede formar moho. Se mezcla con agua en una proporción de 1:1, pero el café frío se puede usar una vez a la semana para regar plantas de interior y balcón.

Los posos de café también se pueden utilizar para el compostaje. Acelera la descomposición, enriquece el suelo con nutrientes y proporciona alimento a las lombrices. Para evitar la formación de moho, rocíe la superficie con café molido e inserte el filtro por separado.

La tierra usada también puede complementarse con posos de café y reutilizarse. Para ello, mezcla la tierra vieja con compost a partes iguales y añade un poco de café molido. Pero si hay demasiado café en el suelo, puede enmohecerse fácilmente.

A los caracoles no les gusta la cafeína. Por lo tanto, los posos de café son adecuados como capa de barrera y simplemente se pueden rociar alrededor de la huerta. Sin embargo, esto no se aplica a todas las especies. Dependiendo de qué especie de babosa esté amenazando a la lechuga, definitivamente vale la pena intentarlo.

Producción de abono orgánico a partir de ortigas

El cultivo de plantas y cultivos ornamentales requiere una gran cantidad de nutrientes. El estiércol hecho de ortigas es un fertilizante orgánico ideal. Es fácil de hacer y es gratis.

El fertilizante de ortiga casero es fácil, efectivo y orgánico. El compost suele tener un alto contenido de nitrógeno y potasio. Por tanto, son buenos potenciadores para casi cualquier planta. El fertilizante, especialmente de ortigas, les da a las plantas todo lo que necesitan para el crecimiento y desarrollo de la fruta.

Todos los componentes de la ortiga se descomponen por completo en la suspensión. Por lo tanto, los nutrientes se pueden absorber rápidamente.

Prepare fertilizante de ortiga: se necesitan las siguientes herramientas:

• 1 balde u otro recipiente de plástico, arcilla o madera con una capacidad de 10 litros (el metal no sirve)
• 1 kg de ortiga. Las plantas aún no deben tener flores ni semillas.
• Alternativamente, puede usar de 150 a 200 gramos de ortigas secas
• 10 litros de agua: preferiblemente agua de lluvia o agua del grifo estancada
• Posiblemente una pequeña cantidad de gravilla.
• El proceso de fermentación dura unas dos semanas.
• Se formará espuma en la superficie de la suspensión durante la fermentación. Picar las ortigas en trozos pequeños, ponerlas en un balde y llenar con agua. Se puede agregar polvo de piedra. Los frascos deben mantenerse en un lugar soleado durante unas dos semanas. Gire la mezcla de fertilizante una o dos veces al día para proporcionar más oxígeno para transformar el material vegetal. Cuando la mezcla deja de burbujear, el proceso de fermentación se detiene y la papilla está lista.

Las ortigas tamizadas se pueden usar como mantillo después del proceso de fermentación.

El contenido sólido de la suspensión final se tamiza. Se pueden agregar a las pilas de compost o usarse como decoración o mantillo para lechos de vegetales. Los grandes consumidores, como los tomates, están contentos con la fertilización con nitrógeno. Consejo. También puedes poner un paño grande en el balde antes de agregar el fertilizante. De esta manera, las ortigas se pueden volver a quitar fácilmente sin tamizarlas.

Cuando se usa, el extracto de ortiga debe diluirse con agua. Para regar, una proporción de mezcla de 1:10 es adecuada solo para las raíces. Para plantas sensibles, como las plántulas, es mejor diluir en una proporción de 1:20. Lo ideal es que las plantas se fertilicen con un fertilizante líquido una vez a la semana. Este fertilizante rico en nitrógeno no se recomienda para guisantes, zanahorias, ajo y cebollas. A diferencia de los fertilizantes líquidos, los caldos o mezclas a base de ortiga se utilizan para fortalecer las plantas y combatir plagas como el pulgón. Para ello, coloca las plantas en las mismas proporciones que el abono líquido. El caldo está listo después de 12 a 24 horas y debe usarse inmediatamente sin diluir, ya que es bueno hasta por tres días.

Este fertilizante además se puede preparar con otras plantas, por ejemplo, con la "cola de caballo" o el "diente de león".

Resumiendo, aquí hay algunos métodos caseros de fertilización para plantas de jardín:

Composta: la composta es una mezcla de materia orgánica, como hojas y restos de comida, que se descompone con el tiempo y se convierte en un fertilizante natural. Puedes hacer tu propia composta en casa con restos de alimentos y otros materiales orgánicos.

Abono de estiércol: el estiércol de animales como vacas, ovejas o caballos es rico en nutrientes y es un excelente fertilizante natural. Puedes comprar estiércol en tu tienda de jardinería local o incluso recolectarlo tú mismo si tienes acceso a un corral de animales.

Té de compost: el té de compost es un líquido rico en nutrientes que se obtiene al remover compost en agua. Puedes hacer tu propio té de compost en casa y usarlo para cuidar tus plantas de jardín.

Cáscaras de huevo trituradas: las cáscaras de huevo contienen calcio, que es importante para el crecimiento de las plantas. Tritura las cáscaras de huevo y esparce los trozos alrededor de la base de tus plantas.

Infusión de plátano: los plátanos son ricos en potasio, que es importante para el crecimiento de la vegetación. Puedes hacer una infusión de plátano en casa quitando cáscaras de plátano en agua durante varios días. Luego, riega tus plantas con la infusión.

Es importante tener en cuenta que cada planta tiene necesidades de nutrientes diferentes, por lo que debes investigar los nutrientes específicos que necesitan tus plantas y asegurarte de proporcionarles los fertilizantes adecuados en las cantidades correctas.

Capítulo 10
Jardinería para niños

Tener contacto con la tierra, embarrarse, ensuciarse, en definitiva... jugar y acercarse a la naturaleza, un viaje ideal para quienes viven la etapa de la niñez. No hay dudas, regar las plantas, cultivar vegetales, ver crecer lo que uno ha sembrado es ¡divertido!

La jardinería es una actividad emocionante para los niños. Les permite jugar, aprender y explorar al aire libre, con el agua y con la tierra. La jardinería también puede estimular sus sentidos. Por ejemplo, pueden tocar la tierra, oler flores, saborear tomates recién recogidos, observar insectos y escuchar el canto de los pájaros.

Cuando los niños trabajan en el jardín, desarrollan sus mentes científicas. Les hace observar la naturaleza y formular preguntas. Por ejemplo: "¿Por qué regamos las flores?", "¿Cuándo aparecerán los primeros tomates? Esta podría ser una oportunidad para decirle que el agua es fuente de vida, de lo escasa que es y de la importancia de conservarla. Explicarles que sin ella las semillas no pueden germinar, como tampoco sin ayuda del sol. Plantar, regar y cosechar vegetales o hierbas también los ayuda a comprender de dónde provienen los alimentos que consume. Fomenta el respeto por la naturaleza y el cuidado del medio ambiente. Además, existe un sentido de responsabilidad a la hora de regar las plantas. También se enorgullecerán de cosechar lo que han sembrado. Solo hay que imaginarse sus estados de ánimo cuando al final ponen en la mesa el producto de su trabajo, y ¡como lo disfrutan en sus bocas!

Por cierto, debido a que los bebés tienden a llevarse todo a la boca, es mejor esperar hasta que tengan 1 año antes de trabajar en el jardín con los niños. Mientras el adulto trabaja en el jardín, los jóvenes también aprenden sobre las estaciones. Por ejemplo, se les puede explicar que a la mayoría de las semillas se las siembran en primavera, las verduras crecen en verano, las cosechas generalmente se obtienen en otoño y que la tierra descansa en invierno.

La jardinería también les permite a los niños observar los cambios en la naturaleza, como los pequeños tallos que emergen del suelo y los pepinos que van creciendo cada día. De seguro, los más chicos de la casa aprenden a esperar para ver los resultados.

¿Qué tareas se les debe dar?

Los niños pueden desarrollar su motricidad realizando diferentes trabajos en el jardín: sembrar semillas, cavar pequeños hoyos, arrancar malas hierbas, quitar las hojas muertas de las plantas, aplicar mantillo a mano y cosechar vegetales. ¡Pero ciertamente su actividad favorita es regar!

¿Qué tipo de plantas son ideales para comenzar?

Las semillas de lechuga, guisantes y frijoles son buenas opciones ya que estas plantas crecen rápidamente. Las zanahorias y las papas también son una buena opción. Como crecen bajo tierra, es una gran sorpresa para los niños ver lo que crece cuando tiran del tallo. Las semillas de girasol también son impresionantes porque crecen velozmente y producen grandes flores. A los niños también les encantan las plantas que pueden oler y saborear todo el tiempo. Ejemplos de éstas que crecen tan bien en macetas de balcón como en la huerta son: cebollino, tomillo, orégano, menta, perejil, cilantro, apio, albahaca. ¿Y si no tenemos jardín? una opción es experimentar en una caja de huevos.

Si no tienes espacios de tierra firme, puede hacer jardinería con tus hijos cultivando plantas de interior en tu balcón junto con vegetales, hierbas y flores. Otra opción son los jardines comunitarios. También puede pedirles a los que te rodean que dejen espacio en su jardín para que tú puedas cultivar.

Ideas divertidas de jardinería

Habichuelas mágicas: Conseguir un cartón de huevos vacío. Llenar los hoyos con tierra y sembrar un frijol en cada hoyo. Regar para mantener la tierra húmeda y colocar el recipiente en un lugar soleado. Después de una semana, el niño podrá ver los tallos de frijol que sobresalen de la superficie.

Decoración con macetas: Decorar macetas de terracota con los niños usando pintura o tiza. Plantar flores, helechos o aromáticas. Colocar las macetas en un lugar soleado para un jardín en macetas. También se puede usar la imaginación para los contenedores, reciclando recipientes usados.

El explorador: Dele al niño un pequeño desafío observando la maravillosa naturaleza. Por ejemplo, pídale que le muestre uno, dos o tres insectos, una flor amarilla, una hoja de lechuga y una planta aromática.

La plaza de la tierra: Reserve un lugar de tierra en el patio para sus pequeños. Con sus pequeñas herramientas (por ejemplo, pala, balde, rastrillo, regadera de plástico) puede jugar en el lugar sin peligro y experimentar, por ejemplo, cultivando pepinos, girasoles o capuchinas a partir de las semillas que compró. Si compró de varias especies, lo ideal es identificarlas mientras crecen y colocarle un cartelito con su nombre.

Como hemos dicho, la jardinería entretiene a los niños y estimula todos sus sentidos. Al trabajar en el jardín, aprenden de dónde provienen los alimentos que consumen.

La jardinería en la escuela

La siembra y el cultivo de plantas y vegetales es una actividad divertida y de aprendizaje para los infantes, y por eso cada vez más existen instituciones educativas que la incorporan en sus planes de estudios. A través de esta faena, pueden aprender sobre los ciclos de vida de las plantas, cómo se desarrollan las raíces, el tallo, las hojas, las flores y los frutos, y cómo influyen diferentes factores en su crecimiento, como la luz, el agua y los nutrientes del suelo.

Para comenzar, se puede enseñar a los niños cómo preparar el suelo para sembrar o plantar; ya que, dependiendo de las plantas que se quieran cultivar, pueden necesitar diferentes tipos de suelo y nutrientes. Se les puede enseñar a los niños a excavar el suelo y a agregar compost o abono para enriquecerlo, explicándole la función de este proceso.

Luego, se puede enseñar a los niños sobre la siembra de semillas o el trasplante de plantines. Se les puede mostrar cómo ubicar a las semillas a la profundidad adecuada (según las indicaciones del paquete) o cómo insertar las plántulas. Se les puede explicar cómo sigue el proceso de cuidado y de riego de las plantas.

A medida que las plantas crecen, se les puede enseñar a los niños sobre el mantenimiento de las mismas, como la poda de hojas y ramas muertas, la eliminación de maleza y la protección ante las plagas y enfermedades.

Finalmente, cuando las plantas hayan crecido lo suficiente, se los puede educar sobre la cosecha de las verduras, de las hojas o tallos de las aromáticas, o de las flores para decoración. Se les puede mostrar cómo extraer las verduras correctamente para no dañar las plantas y cómo utilizar las verduras en la cocina para preparar comidas saludables.

Variantes de cultivo

• **Cultivo de vegetales**: Los niños pueden aprender sobre cómo cultivar sus propias verduras y cómo cuidarlas a medida que crecen. También pueden aprender sobre las diferentes variedades de verduras y cómo seleccionar las semillas para plantar. El cultivo de vegetales es una actividad que enseña a los más chicos de la casa sobre la importancia de la alimentación saludable, el cuidado del medio ambiente y la paciencia. Además, también puede fomentar la creatividad y la autoconfianza, ya que los pequeños pueden experimentar con diferentes variedades de plantas y descubrir sus propios métodos para cultivarlas con éxito.

Consejos a los jóvenes jardineros:

• Escoger plantas fáciles de cultivar para empezar, como tomates cherry, lechugas o zanahorias.

• Elegir una zona soleada y protegida del viento para la plantación.

• Preparar el suelo antes de sembrar, removiendo la tierra y mezclando con compost para nutrir el proceso.

• Plantar las semillas o plántulas en surcos separados y siguiendo las instrucciones de la bolsa o el envase.

• Regar las plantas periódicamente, asegurándose de que el suelo esté húmedo, pero no embarrado. El agua debe drenar adecuadamente, por lo que se debe evitar sembrar en terrenos con depresiones que acumulen agua.

• Añadir fertilizante orgánico de forma regular, para proporcionar nutrientes a las plantas. Fertilizar con compost, restos de alimentos, hierbas secas y cáscaras de huevo.

• Mantenga las malas hierbas alejadas de la zona de cultivo, ya que compiten por los nutrientes y el agua.

• Observar las plantas diariamente para detectar signos de enfermedades o plagas.

• Proteger las plantas de los pájaros y otros animales que puedan dañarlas. Se puede construir un espantapájaros, que a los niños les encantará.

• Colocar tutores para plantas trepadoras, como tomates o judías.

• Podar las hojas y ramas muertas de las plantas para mejorar su crecimiento.

• Recoger las verduras regulares cuando estén maduras. Buscar la información y anotarla para saber cuándo es el momento apropiado de cosecha para cada especie.

• Cuidar el suelo y mantenerlo nutrido, así las plantas producirán por mucho más tiempo.

• Divertirse y experimentar con diferentes tipos de verduras y técnicas de cultivo.

Listado de los principales vegetales y árboles para cultivar en casa:

- Zanahorias
- Pepinos
- Pimientos
- Ajo
- Tomates
- Calabacines
- Fresas
- Limones
- Espinacas
- Moras
- Guisantes
- Berenjenas
- Cebollas
- Aguacates
- Acelgas

- **Plantas medicinales**: Un caso especial es enseñarles a los niños a cultivar plantas medicinales y sobre sus usos. Pueden aprender sobre plantas de este tipo como la menta, la manzanilla, tomilllo, salvia o el Aloe Vera y cómo utilizarlas para hacer remedios naturales.

Cultivar plantas medicinales es una actividad importante y educativa para los niños y adolescentes. A través de esta actividad, pueden sorprenderse al aprender sobre las propiedades curativas de las plantas y cómo éstas pueden ayudar a mantener una buena salud. A su vez, es un tema interesante para indagar la historia del uso de estas especies y sus orígenes.

Finalmente, cuando las plantas hayan crecido lo suficiente, se les puede enseñar a recolectarlas y utilizarlas. Se les puede mostrar cómo cosecharlas correctamente para no dañarlas y cómo preparar infusiones, tés o ungüentos con ellas para aliviar diferentes dolencias y enfermedades.

Asimismo, el cultivo de plantas medicinales puede inspirar a los niños a interesarse por la botánica y la ciencia de las plantas, y a valorar la importancia de la naturaleza en nuestra vida cotidiana.

Consejos:

• Elijan las plantas medicinales que quieren cultivar y aprendan sobre sus propiedades curativas. Pueden buscar información en libros o en internet, o hablar con un experto en jardinería o botánica.

• Busquen un lugar adecuado para cultivarlas. Debe ser un lugar soleado y protegido del viento y las heladas.

• Preparen el suelo. Si es necesario, enriquecer el suelo con compost o abono para que las plantas puedan crecer saludables.

• Asegúrense de comprar semillas o plántulas de buena calidad para garantizar un crecimiento saludable de las vegetaciones.

• Siembren las semillas o planten las plántulas siguiendo las instrucciones del paquete o las indicaciones de un experto.

• Rieguen las plantas regularmente para mantener el suelo húmedo. Añadan abono o compost al suelo cada poca semana para proporcionar a las plantas los nutrientes que necesitan.

• Protejan las plantas de las plagas y enfermedades. Pueden utilizar métodos naturales como el uso de aceites esenciales o hacer una solución de jabón para evitar el ataque de insectos.

• Poden las plantas periódicas para eliminar las hojas y ramas muertas y estimular un crecimiento saludable.

• Aprenda a identificar las plantas medicinales y sus partes útiles. Enséñales a los niños a reconocer las hojas, flores y otras partes que se pueden utilizar para preparar remedios naturales.

• Asegúrense de cosechar las plantas medicinales en el momento adecuado. Las hojas y flores se deben recolectar antes de que las plantas florezcan completamente.

• Aprendan a preparar los remedios naturales. Pueden hacer infusiones, tés, tinturas, cataplasmas o ungüentos con las plantas medicinales para tratar diferentes dolencias y enfermedades.

• Experimenten con diferentes variedades de plantas medicinales. A los niños les encantará experimentar con diferentes plantas y encontrar nuevas formas de utilizarlas para aliviar dolencias.

• Compartan sus conocimientos con otros. Animen a los niños a enseñar a sus amigos y familiares sobre las plantas medicinales y cómo se pueden utilizar para mejorar la salud.

• **Creación de huertos en macetas**: Los niños pueden aprender sobre cómo cultivar plantas en macetas, incluyendo qué tipos de plantas son adecuadas para ello.

Consejos:

• Elige las plantas que quieres cultivar. Para comenzar, es recomendable elegir plantas que crezcan bien en macetas, como tomates cherry, hierbas aromáticas, zanahorias, rúcula, fresas, entre otras.

• Elige el lugar adecuado para tus macetas. Las macetas deben estar ubicadas en un lugar donde reciban suficiente luz solar, preferiblemente en un lugar que esté protegido del viento, las heladas o la lluvia intensa.

• Selecciona las macetas adecuadas. Las macetas deben ser lo suficientemente grandes para que las plantas puedan crecer y tener suficiente espacio para sus raíces. Además, deben tener orificios de drenaje para que el agua pueda salir fácilmente.

• Elije el sustrato adecuado. Asegúrese de utilizar un sustrato de buena calidad que tenga los nutrientes necesarios para el crecimiento de las plantas.

• Siembra las semillas o plántulas siguiendo las instrucciones del paquete o las indicaciones de un experto. Los niños pueden hacer un dibujo en la maceta y plantar las semillas según su diseño. Pueden colocarle el nombre de la especie sembrada, o del autor de la siembra (sin son varios hermanos).

• Riega las plantas regularmente para mantener el suelo húmedo, pero no demasiado mojado. Es importante que los niños aprendan a cuidar las plantas adecuadamente para que no se ahoguen o sequen.

• Agregue abono o compost al suelo cada poca semana para proporcionar a las plantas los nutrientes que necesitan. Los niños pueden hacer su propio abono con restos de comida y hojas secas.

• Protege las plantas de las plagas y enfermedades. Los niños pueden utilizar métodos naturales como el uso de aceites esenciales o hacer una solución de jabón para evitar el ataque de insectos.

• Aprende a identificar las plantas y sus partes útiles para cocinar o preparar remedios naturales.

• A los niños les encantará experimentar con diferentes plantas y encontrar nuevas formas de utilizarlas en la cocina.

• Disfruta del proceso de cultivar y utilizar plantas en macetas. Esta actividad es una forma maravillosa de conectar con la naturaleza y aprender sobre la importancia de cuidar nuestro cuerpo y nuestra mente de forma natural y saludable.

• Haz un seguimiento del crecimiento de las plantas y documenta el proceso en este libro, de esta forma los niños pueden registrar cómo crecen sus plantas y cómo se desarrollan.

• Plantas con flores: Los niños pueden aprender sobre las diferentes variedades de flores y cómo cuidarlas. También pueden aprender cómo hacer arreglos florales y cómo utilizar las flores

Consejos:

• Elige las plantas adecuadas. Las plantas de flores más fáciles de cultivar son las margaritas, los girasoles, los pensamientos, los claveles, las petunias, entre otras. Es importante que las plantas sean resistentes y crezcan bien en el clima de tu zona. Hay variedades que zona partir de bulbos, y algunas de ellas como la "violeta de los Alpes" necesita mucho frio.

• Escarba el suelo. Hazlo por lo menos a 20 cm aprox. de profundidad, para airearlo antes de empezar a plantar tus flores.

• Con materia orgánica y fertilizantes cubre unos 6 cm aprox. la superficie del suelo con la finalidad de promover la descomposición.

• Asegúrese de colocar las plantas en un lugar donde reciban suficiente luz solar, aunque hay variedades que son para "media sombra" o "sombra permanente". Si procedes a la siembra, colócalas uniformemente por toda la zona designada y cúbrelas con una fina capa de tierra.

• Asegúrese de utilizar un sustrato de buena calidad que tenga los nutrientes necesarios para el crecimiento de las plantas.

• Siembra las semillas o plántulas siguiendo las instrucciones del paquete o las indicaciones de un experto. Por lo general, dependiendo del tamaño de la semilla, será la profundidad de su sembrado.

• Riega las plantas regularmente para mantener el suelo húmedo, pero no demasiado mojado. Es aconsejable utilizar una regadera de orificios finos.

Kit básico para jardinería

Hay una gran variedad de herramientas de jardín en el mercado. Por supuesto que debes elegir las que se adapten a tus necesidades.

No obstante, hay algunas que son imprescindibles:

• Guantes y lentes: elementos de seguridad esenciales. Te recomendamos que sean de cuero u otros materiales resistentes para determinado tipo de tareas como las que tienen que ver con los rosales, por ejemplo.
• Tijeras: se emplean para podas superficiales, para cortar ataduras o simplemente para abrir bolsas de sustrato y abono.

• Pala jardinera: se utiliza para trasplantar nuestras flores.

• Trasplantador: se utiliza para sacar el sustrato de los sacos y retirar las plantas marchitas.

• Escarificador: se usa básicamente para descortezar la superficie de las macetas.

• Regadera: para mantener las plantas hidratadas, se sugiere que tenga una capacidad de cinco litros si el jardín es grande, y si cuentas con pocos ejemplares, basta con que sea un modelo pequeño de un litro. Las mejores son las de cuello largo y fino.

• Pulverizador: para humedecer el follaje de las plantas, te sugerimos que sea de una capacidad de dos litros y disponga de un conducto regulable para pulverizar.

• Rafia natural y artificial, abrazaderas y alambre recubierto de plástico: se emplean para enderezar el tallo y las hojas de una planta o para fijarlo en un lugar.

• Podadora: permite cortar los tallos gruesos y leñosos.

• Rastrillo: su función es alisar el sustrato de la maceta, eliminar malas hierbas e igualar el nivel del terreno de tu jardín.

• Azada o azadón: se utiliza para eliminar las malas hierbas desde la raíz, para remover y airear la tierra, previo a la plantación.

######